교회, 하나님의 걸작

교회, 하나님의 걸작

발행	2025년 5월 11일
지은이	고명진
발행인	윤상문
편집인	이은혜, 이대순
디자인	표소영, 박진경
발행처	킹덤북스
등록	제2009-29호(2009년 10월 19일)
주소	경기도 용인시 기흥구 동백동 622-2
문의	전화 031-275-0196 팩스 031-275-0296

ISBN 979-11-5886-332-6   03230

Copyright ⓒ 2025 고명진
이 책은 저작권법에 따라 보호받는 저작물이므로 무단전재와 복제를 금지하며,
이 책의 내용의 전부 또는 일부를 이용하려면 반드시 저작권자와 킹덤북스의
서면 동의를 받아야 합니다.

※ 잘못된 책은 구입한 곳에서 교환하여 드립니다.
※ 책 가격은 표지 뒷면에 있습니다.

 킹덤북스(Kingdom Books)는 문서 사역을 통해 하나님의 나라를 확장하고,
한국 교회와 세계 교회를 섬기고자 설립된 출판사입니다.

교회, 하나님의 걸작

고명진 지음

킹덤북스
Kingdom Books

목차

PROLOGUE • 06

PART 01

성경이 이야기하는 교회의 정의 • 11
교회 - 믿음의 공동체
성경 속의 교회의 의미
성경이 말하는 교회

PART 02

성경이 이야기하는 교회의 주인 • 33
교회의 주인
계급화 된 교회
주님의 교회
한 몸, 한 지체

PART 03

성경이 이야기하는 교회의 속성 • 53
하나의 교회
교회의 거룩성
세계적 교회

PART 04

성경이 이야기하는 교회의 특징 • 75
세상의 평화 VS 성경의 평안
교회의 기초
기다림의 열매

PART 05

성경이 이야기하는 교회의 사역 • 93
신앙의 기초 - 오이코스
믿음의 시작, 가정
왜 가정인가?

PART 06

성경이 이야기하는 교회의 동력 • 113
성경의 핵심 예수 그리스도
성령으로 사역하신 예수
성령 행전
초대 교회 사역의 동력

PART 07

성경이 이야기하는 안디옥 교회 • 133
예루살렘 교회
예루살렘 교회의 문제
복음을 전하는 국내 선교부
그리스도인의 이름으로

PART 08

성경이 이야기하는 빌립 집사 • 153
복음을 전하지 않음
사마리아에 복음을 전하다
칭찬 듣는 사람
큰 기쁨이 있더라

PART 09

성경이 이야기하는 바나바 • 171
다른 사람, 바나바
성령과 믿음이 충만한 바나바
바나바와 바울
영적 통찰력이 탁월한 사람, 바나바

PROLOGUE
교회는 하나님의 걸작입니다

교회는 창조주이신 하나님이 만드셨습니다. 하나님의 영광을 위해 만드셨기에 우리 교회는 최고의 걸작품입니다. 하나님께서 교회를 왜 걸작품으로 만드셨을까요?

"이는 그의 사랑하시는 자 안에서 우리에게 거저 주시는바 그의 은혜의 영광을 찬미하게 하려는 것이라"(에베소서 1:6)

하나님께서는 예수 그리스도 안에서 그 은혜의 영광을 찬미하고 경배하며 예배하게 하기 위해 우리를 교회로 부르셨습니다. 하나님의 구원을 찬양하는 것이 교회가 해야 할 중요한 일입니다.

그래서 교회가 감당해야 할 다섯 가지 사명이 있습니다.

첫 번째, 예배입니다.

교회의 가장 중요한 사명은 하나님께 예배하는 것입니다. 교회는 우리를 구원하신 삼위 하나님을 예배하기 위해 부름 받은 성도들의 모임입니다. 예배를 통해 하나님을 만나고, 죄 사함의 은혜를 누리고, 하나님과 더욱 친밀함을 유지할 수 있기 때문에 교회 공동체가 해야 할 가장 우선적인 일은 그 어떤 일보다 하나님을 예배하는 일입니다.

두 번째, 전도입니다.

예배가 하나님을 향한 우리 사랑의 표현이라면 세상을 향한 우리의 가장 중요한 사랑의 행위는 복음을 전하는 것입니다. 가난하고 궁핍한 이웃에게 먹을 것과 입을 것을 나누어 주고, 고난에 처한 사람들을 돕는 일은 중요합니다. 그렇지만 죄와 사망과 사탄의 권세에서 신음하는 수많은 영혼을 십자가 복음으로 구원하여 하나님 나라 천국에 가서 삼위 하나님과 영원히 살도록 하는 것보다 더 우선하는 일은 없습니다. 그래서 복음을 전하는 일은 교회가 해야 할 아주 중요한 일입니다.

세 번째, 교육입니다.

"내가 너희에게 분부한 모든 것을 가르쳐 지키게 하라"
(마 28:20)

이 말씀은 예수님께서 제자들에게 하신 마지막 명령입니다. 인간은 하나님의 말씀으로 사는 존재입니다. 말씀으로 살 때 가장 복된 행복한 삶을 살 수 있기 때문입니다. 교회는 성도들이 하나님의 말씀대로 살도록 항상 가르쳐야 합니다. 입술로만 교육하는 것이 아니라 삶으로 가르치신 예수님처럼 교육해야 합니다.

네 번째, 섬김과 봉사입니다.

교회 밖의 사람들이 교회를 향하여 감동받는 것은 우리의 예배와 기도가 아닙니다. "네 이웃을 네 자신과 같이 사랑하라"(막 12:31)는 말씀대로 그들을 섬기고 사랑을 나누고 베풀 때 그리스도의 사랑을 경험하고 주님 품으로 돌아오는 놀라운 역사가 일어나는 것입니다.

다섯 번째, 성도의 교제입니다.

우리 몸속에 수천만 개의 세포가 있지만 한두 개의 세포만 병들어도 이내 몸은 문제가 생기게 됩니다. 이와 같이 교회도 한 사람만 영적·육적으로 병이 들어도 건강하게 설 수 없습니다. 성도의 교제를 통해 각 지체의 어려움을 듣고 소통하고 기도하며 서로 도와 건강한 교회가 되도록 힘써야 합니다. 그래서 성도의 교제는 아주 중요합니다. 교회는 우리 한 사람, 한 사람 모두가 건강한 교제를 통해 함께 울고 웃을 때 하나님의 위대한 교회가 되는 것입니다.

40년이 넘는 목회의 여정 속에 하나님이 꿈꾸시고, 기뻐하시는 교회를 이루고 싶은 간절한 소망이 있습니다. 본서의 내용은 이런 치열한 고민과 생각의 산물입니다. 또한 그런 교회를 꿈꾸는 하나님의 사람들에게 전하는 마음입니다.

언제나 같은 꿈을 꾸고, 지금까지 함께 달려와 준 사랑하는 가족들과 중앙교회 성도들에게 감사의 마음을 전합니다.

예닮소원 **고명진**

PART 01
성경이 이야기하는 교회의 정의

01

성경이 이야기하는 교회의 정의

에베소서 1:22-23

"또 만물을 그의 발 아래에 복종하게 하시고 그를 만물 위에 교회의 머리로 삼으셨느니라 교회는 그의 몸이니 만물 안에서 만물을 충만하게 하시는 이의 충만함이니라"(에베소서 1:22-23)

존 맥아더 목사의 저서 『주님이 계획하신 교회(The

Master's Plan for the church)』는 성경적인 원칙에 따라 교회 운영과 목회를 어떻게 해야 하는지를 담은 책입니다. 이 책은 교회의 본질, 교회의 목적, 교회의 구조, 교회의 리더십과 성도의 역할을 가장 핵심적으로 말합니다. 존 맥아더 목사는 '교회의 본질은 예수 그리스도의 몸으로서 성도들이 함께 모여 예배하고 교제하며 하나님의 말씀을 배우고 실천하는 공동체'라고 이야기합니다.

그렇다면 교회의 목적은 무엇일까요? 교회의 주요 목적은 하나님을 예배하고 성도들을 양육하며 복음을 전파하여 아직 예수 믿지 않은 사람을 예수 믿도록 하는 일이 가장 중요한 목적입니다. 이를 위한 성도들의 역할은 '참여'와 '영적 성장'이라고 말할 수 있습니다. 모든 성도는 교회의 일원으로서 예배와 봉사, 전도에 적극적으로 참여해야 하며, 매주 주일마다 영적 성장을 위해 지속적으로 성경을 공부하고 기도해야 합니다.

이 책의 마지막 한 부분은 교회의 성장과 사역에 대해

'교회 성장의 필수 요소들과 성도들의 영적 성장을 돕는 방법들을 다양하게 제시하고 사역의 중요성을 강조하는 바, 교회의 모든 사역은 성경적인 원칙에 따라 이루어져야 하며, 이를 통해 하나님의 영광을 나타내야 한다.'라고 말합니다. 바로 교회의 궁극적인 사역의 목적은 하나님의 영광을 나타내야 하고, 교회의 모든 활동은 인간의 생각이 아닌 성경적 원칙과 원리를 따라야 합니다.

교회 - 믿음의 공동체

교회에 대한 정의와 교회의 사명은 무엇일까요? 그리고 교회의 뜻과 교회의 의미, 교회의 목적은 무엇일까요? 먼저 '우리 교회는 성경적인 교회의 모습을 가지고 있는가'를 점검해야 합니다. 그러기 위해서는 교회 각 공동체가 성경적인 교회의 모습을 갖도록 더 성숙하고 성장해야 합니다. 영적인 유전자를 충분히 회복해서 성경이 이야기하고 있는 교회의 모습을 가져야 합니다.

우리가 태어나 자라고 성숙해가는 인생의 요람 터는 가정입니다. 우리가 어느 날 하나님의 부르심을 받고 세상을 떠날 때까지 결코 끊어버릴 수 없는 삶의 터전이 가정입니다. 왜냐하면 희로애락, 생로병사 인생의 모든 실천 영역의 핵심 장소가 가정이기 때문입니다.

마찬가지로 교회는 우리의 영적 출생으로부터 영적 양육을 통한 성장과 성숙의 여정을 보내고 마지막 천국에 이를 때까지 신앙생활의 가장 중요한 터전입니다. 따라서 우리가 사는 이 세상에서 교회와 가정보다 더 소중한 곳은 없습니다. 유치원부터 대학교 모든 교육 기관이 중요하지만 가정과 교회보다 우선될 수는 없습니다. 인생을 살아가는 데 모든 일상을 영위할 수 있는 자원(일터, 회사, 직장, 직위, 지위, 명성, 직업 등)은 우리에게 매우 중요합니다. 그러나 이것들이 가장 가치가 있는 귀한 것은 아닙니다. 우리에게 더 소중하고 가치 있는 귀한 것은 가정과 교회입니다. 의식주가 필요하지만 이보다도 생명이 더 소중한 것처럼 가정과 교회는 세상의 명예와 권세와 지위를

얻는 것보다 훨씬 더 중요합니다.

그렇다면 교회란 무엇일까요?

소극적 표현으로 흔히 십자가의 뾰족탑이나 종각이 높이 세워져 있는 빌딩이나 종교적인 건물의 교회를 이야기하는 경우가 있지만 성경은 그렇게 말하지 않습니다. 그렇지만 많은 사람들의 표현에서(심지어 신앙생활을 독실하게 하는 사람들 중에도) 찾아볼 수 있듯이 교회를 구약에 나오는 성전처럼 빌딩이나 건물로 이해하는 경우가 많습니다. 그러나 엄밀히 따진다면 교회는 결코 건물만을 의미하지 않습니다.

교회는 건물보다 더 소중한 믿음의 공동체입니다. 물론 종종 집회와 모임의 터전인 교회는 집이나 빌딩의 경우가 될 수도 있습니다. 건물이라고 할 수 있는 경우도 있지만, 신구약 성경에 언급한 교회의 모든 경우가 건물을 말하는 것이 아니라 하나님의 백성을 언급하고 있습니다다. 즉 구약의 표현에 의하면 여호와 하나님을 주로 믿는 믿음의 공동체를 말합니다. 그리고 신약의 표현대로 하면 예수 그리스도를 주로 믿는 사람들의 모임을 교회라고 말합니다.

성경 속의 교회의 의미

구약 성경 안에는 교회라는 단어는 없지만, 교회의 의미를 담고 있는 2개의 히브리어 단어가 있습니다.

첫 번째 단어는 '카할(qahal: קָהָל)'입니다.
이 말에는 '모으다, 소집하다(to assemble, to gather)'라는 의미가 내포되어 있습니다. 부름 받은 개인들의 모임인 공동체가 교회입니다. 신명기 10장 4절 또는 열왕기상 8장 14절에 보면 이스라엘 공동체의 모임 또한 '카할'이라는 단어로 되어 있습니다.

애굽에서 노예살이하고 있던 이스라엘 백성들을 하나님을 섬기도록 모세를 통해 광야를 지나 가나안 땅으로 이끌어오게 하신 공동체가 바로 '카할' 입니다.

이 외에도 성경에 보면 하나님께서 이스라엘 백성들을 선택하여 부르신 것처럼 밭 가는 사람, 물고기를 잡는 사람, 세관에 있는 사람을 다 부르십니다. 이렇게 모인 공동체가 교회입니다. 이와 같이 하나님의 부르심에 응답하여 순종함으로 모인 무리들이 곧 하나님의 백성이며 하나님의 교회입니다.

두 번째 단어는 '에다(edah: עֵדָה)' 입니다.
이 단어는 구약에서 주로 이스라엘 백성들의 종교적인 공동체 활동을 위한 모임(a gathering or assembly)에 주로 사용되고 있습니다. 하나님께서 지정하신 장소나 처소에 모인 모임을 '에다'라고 말합니다. 종교적인 공동체로서의 교회를 이야기할 때 '에다'를 쓰고 있습니다. 이 단어에서 유래된 것이 '회당(학교)' 입니다. '카할'이 영적인 의미로 하나님의 백성의 부르심을 강조하는 단어라면 '에다'는 교회의 형식, 조직, 구조, 내용을 뜻하는 모임을 의미합니다.

교회로 빗대어 표현해 보면, 교회의 모습을 갖추고 늘 예배하는 것 같은데 그 안에 하나님의 부름 받은 진정한 공동체가 존재하지 않는다면 그것은 교회가 아닙니다. 그래서 온전한 교회는 외적인 요소와 내적인 요소 두 가지를 함께 가져야 합니다.

'에다'는 모임을 강조하는 단어입니다. 우리가 종종 만나는 사람 중에 모임을 가볍게 생각하며 교회와 많은 사람들이 모이는 곳은 가기 싫어하며 혼자 있겠다는 분들이 있습니다. 그것은 온전한 신앙인이 아닐 가능성이 매우 높습니다. 콩도 껍질 없이 알맹이만 따로 존재할 수 없기 때문입니다.

하나님께서 말씀하시는 교회는 부름 받은 백성들이 함

께 모여 교회의 사명을 감당하고 아름다운 교제를 나누고, 교육과 훈련을 통해 성장하고 서로 베풀고 섬기며 헌신하는 공동체입니다.

신약 성경에는 교회를 '에클레시아(ἐκκλησία, a called out assembly or congregation)'라는 단어로 표현합니다. '에크'라는 말은 '밖으로(out of)'라는 의미이고, '칼레오'라는 말은 '부르다(to call)'는 말입니다. 에클레시아는 '부름 받은 사람들, 부름 받은 모임'을 말합니다.

교회는 하나님으로부터 부름 받아 모인 공동체입니다. 예수 그리스도를 구주로 믿고 영접하여 그리스도를 주인으로 인정하는 구원받은 성도들의 모임이 교회입니다. 사도 바울은 고린도전서 1장 2절에서 '고린도에 있는 하나님의 교회 곧 예수 그리스도 안에서 거룩하여지고 성도라 부르심을 받은 자들'이라고 표현합니다. '또 각처에서 우리의 주 곧 그들과 우리의 주 되신 예수 그리스도의 이름을 부르는 모든 자들'이라고 표현합니다.

성경을 기록한(고전 11:20; 계 1:10) 고대 헬라어로는 교회가 '키리아코스(kyriakos, κυριακός, of the Lord, belonging to the Lord)'인데 '키리오스(kyrios, κύριος)'는 주님을 말하고 '아코스(akos)'는 '속한' 사람들, 주님의 사람들로서 주님의 부름 받은 사람들을 말합니다.

그렇다면 성경은 교회를 무엇이라고 이야기하고 있을까요?

성경이 말하는 교회

첫 번째, 그리스도의 몸이라고 말합니다.

"또 만물을 그의 발 아래 복종하게 하시고 그를 만물 위에 교회의 머리로 삼으셨느니라"(에베소서 1:22)

사도 바울은 교회를 그리스도의 몸으로 비유하면서 그리스도는 교회의 머리라고 표현합니다. 머리는 전체를 대표할 만큼 중요합니다. 머리가 없으면 아무것도 없는 것과 마찬가지입니다.

도마뱀은 꼬리가 잘려도 살 수 있습니다. 사람도 팔에 문제가 있을 때 한 팔을 자른다고 해서 생명엔 큰 지장이 없습니다. 그런데 머리가 없어지면 어떻게 됩니까? 아무것도 없는 존재가 됩니다. 그렇기 때문에 교회가 그리스도의 몸이라면 그리스도가 있을 때만 교회이지 그리스도가 없으면 교회가 아닌 것입니다.

오늘날 현대 교회에는 그리스도가 없는 교회가 너무 많습니다. 그 자리를 담임목사가 대신하거나 교회 내에 힘센 어떤 성도가 그 교회의 머리 역할을 하려고 합니다. 그것은 교회가 아닙니다. 이런 모습을 우리는 '껍데기만 있고 알맹이가 없는 교회'라고 합니다.

세상에 현존하는 모든 교회 성도들은 그리스도의 지체들입니다. 몸의 각 지체는 서로 동고동락하게 되어 있습니다. 몸의 한 작은 부분인 엄지발톱에 고통이 있으면 온몸에 통증을 느끼는 반면에, 우리는 교회 성도 중 한 지체의 아픔을 잘 느끼지 못할 때가 있습니다. 교회성이 약하면 이런 문제가 생깁니다.

누군가 슬픈 일을 당하면 그가 느끼는 만큼 슬픔을 느끼진 않을지라도 공감하며 아픔을 위로할 수 있습니다. 또 그가 가지고 있는 기쁨을 나도 함께 기뻐하고 즐거워해야 하는데, 남이 잘되면 이상하게 자꾸 배가 아픕니다. 이것은 내가 참된 교회가 아니라는 증거입니다. 온전한 교회의 모습이 아니라 병든 교회의 모습을 내가 갖고 있다는 증거입니다. 교회 성도들 중에 보기 싫은 사람과 동시간대 예배를 드리지 않기 위해 다른 예배를 드리는 것도 마찬가지입니다.

"만일 한 지체가 고통을 받으면 모든 지체가 함께 고통을 받고 한 지체가 영광을 얻으면 모든 지체가 함께 즐거워하느니라"(고린도전서 12:26)

한 성도의 기쁨이 우리의 기쁨으로 느껴지고, 한 성도의 아픔이 나의 아픔으로 느껴질 때 우리는 참다운 교회 공동체의 모습을 갖게 되는 것입니다.

"즐거워하는 자들로 함께 즐거워하고 우는 자들과 함께 울라"(로마서 12:15)

형제의 고통을 외면 하지 말며, 형제의 명예를 시기하지 말고 함께 기뻐하라고 성경은 말합니다. 우리 몸은 서로 다투지 않습니다. 그런데 한 교회 내에서 한 몸의 지체인 우리가 서로 미워하고 서로 원수의 모습으로 산다면 이것은 교회의 진정한 모습이 아니라는 것입니다.

어떤 두 사람이 버스 안에서 심하게 다투었습니다. 좁은 공간에서 언성이 높아지고 입에 담지 못할 언어들이 난무하는 가운데 한 중년 신사가 다음 정류장에서 내리면서 한마디 했습니다.

'야! 왜 싸워? 여기가 교회인 줄 알아?'

어쩌다 교회가 싸움의 대명사로 회자 되게 되었을까요? 이것은 우리의 책임입니다.

두 번째, 교회는 하나님의 집이라고 표현합니다.

"만일 내가 지체하면 너로 하여금 하나님의 집에서 어떻게 행하여야 할지를 알게 하려 함이니 이 집은 살아 계신 하나님의 교회요 진리의 기둥과 터니라"(디모데전

서 3:15)

행복한 가정은 세상에서 상처받고 좌절당한 모습으로 집에 돌아가도 가족들이 위로해 주고 격려해 주는 희망 넘치는 곳입니다. 이것을 교회에 적용해 보면, 세상에서 치열하게 사느라 지쳐있는 우리가 주일에 교회에 오면 공동체에서 위로와 격려를 받고 치유를 받아 회복되는, 그런 곳이 교회여야 합니다. 교회 오기 전에는 힘들고 어렵다가도 교회에 가면 위로 받고 의지하고 싶은 마음이 생기는 곳이 바로 교회입니다.

> "나의 힘이 되신 여호와여 내가 주를 사랑하나이다 여호와는 나의 반석이시요 나의 요새시요 나를 건지시는 이시요 나의 하나님이시요 내가 그 안에 피할 나의 바위시요 나의 방패시요 나의 구원의 뿔이시요 나의 산성이시로다"(시편 18:1-2)

하나님은 교회라는 집의 주인이십니다. 교회에 오면 능력이 되고, 구원이 되고, 희망이 되고, 산성이 되고, 요새가 되고, 방패가 되고, 내 편이 되어 주시는 그분이 주인이시요, 아버지로 계시기 때문에 아버지께 힘을 얻고 가야 하지 않을까요? 우리는 교회에서 힘을 받아 세상으로 가야 합니다. 하나님의 집인 교회는 안식을 주는 곳이며 평안을 나누는 곳이며 사랑을 나누는 곳입니다. 그리고 격려하며 용기를 북돋아 주는 곳입니다.

세 번째, 교회는 그리스도의 신부입니다.

구약에서 하나님은 이스라엘 백성과의 관계를 그분의 신부 또는 아내로 말씀하십니다.

"여호와께서 이와 같이 말씀하시기를 내가 너를 위하여 네 청년 때의 인애와 네 신혼 때의 사랑을 기억하노니 곧 씨 뿌리지 못하는 땅, 그 광야에서 어떻게 나를 따랐

음이니라"(예레미야 2:2)

'내가 신혼 때 너를 얼마나 사랑했는지 그 사랑을 나는 기억한다.'고 하십니다. 그런데 신부가 배반하여 떠났다고 말씀하십니다.

> "그런데 이스라엘 족속아 마치 아내가 그의 남편을 속이고 떠나감같이 너희가 확실히 나를 속였느니라"(예레미야 3:20)

다시 말하지만, '너희가 나를 떠나갔다'는 것입니다. 하나님이 교회를 떠난 것이 아니라, 아내 되는 교회가 하나님을 떠났습니다. 남편을 저버린 아내처럼 그렇게 떠나가 버렸습니다. 배반한 이스라엘을 향한 하나님의 외침이 바로 이 말씀입니다.

신약 성경에도 신랑 되신 예수의 신부로서 신랑을 맞이할 준비를 잘 하고 있는 신부는 예쁘게 단장합니다. 교회는 어떤 면에서 천국의 미장원과도 같습니다. 먼저 말씀의 거울 앞에 자신을 비춰보고 어디가 잘못되었는지 항상 살펴야 합니다. 하나님 말씀에 자신을 비추어서 자신의 부족한 부분, 교회로서의 모습을 갖지 못한 부분들이 있으면 하나하나 정리해야 합니다. 우리에게 있는 허물과 죄악을 다 고백하며 예수 그리스도의 보혈로 깨끗하게 씻어내야 합니다. 죄악을 씻어내는 물은 바로 예수 그리스도의 십자가 보혈입니다.

"그가 빛 가운데 계신 것 같이 우리도 빛 가운데 행하면 우리가 서로 사귐이 있고 그 아들 예수의 피가 우리를 모든 죄에서 깨끗하게 하실 것이요"(요한1서 1:7)

예수 그리스도의 보혈이 우리를 모든 죄에서 깨끗하게

하십니다. 죄에서 자유를 얻은 성도는 신부가 머리를 아름답게 꾸미듯 머릿속을 아름다운 생각으로 단장해야 합니다. 세상에 썩어질 것만 생각하지 말고 보다 고상한 것, 영원한 가치, 천국의 가치와 소망으로 하나님 나라를 바라봐야 합니다.

신부가 눈을 아름답게 단장하듯이 우리의 눈도 좋은 것만 보며 단장해야 합니다. 말씀을 읽고 성도들을 사랑의 눈으로 바라보아야 합니다. 코를 단장해야 합니다. 육신의 코로 호흡하듯 신령한 코로 하나님께 기도하며 호흡해야 하는 것입니다. 귀를 단장해야 합니다. 막혔던 귀를 뚫어내고 좋은 말만 듣도록 힘써야 합니다. 찬양과 하나님의 말씀을 듣고 입을 단장해야 합니다. 우리의 입을 술로 채우지 말고 축복하는 말, 격려하는 말, 칭찬하는 말, 세워주는 말로 입을 단장해야 합니다. 무엇보다 착한 행실로 수놓아진 아름다운 옷으로 단장해야 합니다. 신부의 기쁨은 신랑을 정성껏 기다리며 맞이하는 데 있습니다.

교회는 신랑을 맞이하는 신부입니다. 교회는 그리스도의 몸입니다. 우리도 성경이 말하고 있는 아름다운 교회로 성장하여 더욱 성숙한 교회 공동체가 되기를 소망합니다.

PART 02
성경이 이야기하는 교회의 주인

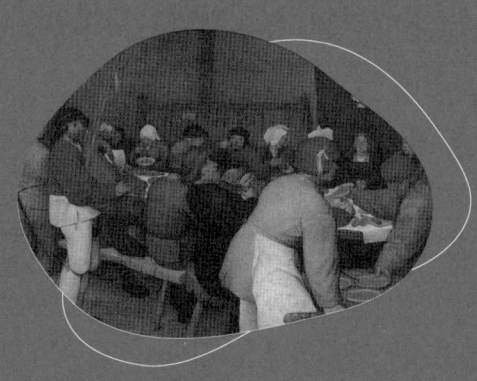

02

성경이 이야기하는 교회의 주인

마태복음 16:16-18

"시몬 베드로가 대답하여 이르되 주는 그리스도시요 살아 계신 하나님의 아들이시니이다 예수께서 대답하여 이르시되 바요나 시몬아 네가 복이 있도다 이를 네게 알게 한 이는 혈육이 아니요 하늘에 계신 내 아버지시니라 또 내가 네게 이르노니 너는 베드로라 내가 이 반석 위에 내 교회를 세우리니 음부의 권세가 이기지 못하리라"(마태복음 16:16-18)

김동호 목사님이 쓰신 『생사를 건 교회 개혁』이라는 책이 있습니다. 이 책은 목사님께서 부임하셨던 장로교회의 구조와 조직 그리고 여러 사역의 형태를 보며 어떻게 하면 성경적인 교회가 될 수 있는지 내용을 담아놓은 목회 일기 겸 목회의 느낀 점을 기록한 책입니다.

"저의 교회 개혁의 목적, 원리, 원칙, 철학은 단 하나입니다. 그것은 하나님이 주인이 되시는 교회입니다. 따라서 하나님이 아닌 사람이 교회의 주인 노릇하는 것을 최선을 다하여 막아내는 것이 저의 사명임을 밝힙니다.

그러면 어떻게 하면 되는가? 사람이 주인 노릇하기 어렵도록 불편한 제도와 시스템을 만들면 되는 것입니다. 2001년 '높은뜻숭의교회'를 시작하였을 때 2년 동안은 직분도 임명하지 않고 어떤 조직도 만들지 않고 심지어 구역조차 만들지 않았습니다. 조직을 만들면 조직을 책임져야 할 책임자들이 세워져야 하는데, 섣불리 교회의 책임자들이 세워지면 저들이 교회의 주인 노릇을 할 위험성이 높다고 생각하였기 때문입니다. 심지어 주일 낮 예배 때 대표 기도도 시키지 않았습니다. 대표 될까 봐, 대표 노릇할까 봐, 농담이지만 꼭 농담만은 아니었습니다. 집사, 장로, 권사 직분도 임명하지 않고 성도님이라고만 호칭했습니다.

2년 동안 인천에서 출석하시던 한 여자 교우 한 분이 저에게 구역을 만들어 달라고 부탁을 하셨습니다. 구역 예배도 없고 활동도 없으니 너무 심심하다고 했습니다. 그때 저는 웃으며 '반상회에 가시지요'라고 말씀드렸습니다.

장로, 안수집사와 권사의 임기는 6년으로 하는 이유도 마찬가지입니다. 교회 일에 너무 열심을 내고 충성하다 보면 자기도 모르는 사이에 생기게 되는 주인의식을 경계하기 위해서였습니다. 교인들이 교회 생활에 나태한 것도 걱정이 되지만, 그보다 조금 더 걱정되고 예민해지는 것은 교인들이 너무 지나치게 교회 생활에 열심을 내다가 자기도 모르는 사이에 교회의 주인 노릇 할까 봐 걱정입니다."

한국 교회 교인들은 세계 그 어느 교회 교인들보다 교회에 열심을 냅니다. 그 열심 때문에 엄청난 교회의 부흥과 성장을 이루어 낸 것이 사실이지만 지금 그 후유증은 너무나 큽니다. 교회를 너무 열심히 섬기다가 자기도 모르는 사이에 교회의 주인들이 되어버린 것입니다. 목사가 주인인 교회, 장로가 주인인 교회, 헌금을 많이 한 교인이 주인인 교회, 그런 교회가 많으면 한국 교회가 건강하다고 할 수 없습니다. 하나님이 주인으로 통치하시는 교회는 별로 많지 않아 보입니다. 사람이 주인 노릇하는 것을 막지 않으면 한국 교회는 희망이 없습니다. 교회의 주인은 하나님이십니다.

교회의 주인

누가 교회의 주인일까요?

이 질문에 대한 대답은 너무도 간명하고 아주 쉽습니다. 바로 예수 그리스도, 하나님이십니다. 하지만 대답은 이렇게 쉽게 할 수 있을지 몰라도 현실적으로 그렇지 않은 것 같아 안타까울 뿐입니다. 오늘날 현실 세상에는 목사가 주인인 교회, 장로가 주인인 교회, 성도들이 주인인 교회가 엄연히 현존하고 있습니다.

과연 예수님이 교회의 주인인 교회가 얼마나 될지 잘 모르겠습니다. 특히 교회의 물질적인 부분인 교회 건물이나 토지, 유아원, 유치원, 기도원, 수양원, 학교 같은 부동산을 거론하면 더욱 심각해집니다. 현대 교회들의 내부 분란 이유 중 가장 결정적인 것은 누가 교회의 운영권과 재산권을 가지느냐에 있는 것 같습니다.

사도 바울이 제3차 전도 여행을 마치면서 밀레도 항구

에서 에베소 교회 장로들을 청하여 마지막으로 고별 메시지를 선포할 때 교회는 예수님의 핏값으로 산 것이라고 말했습니다.

> "여러분은 자기를 위하여 또는 온 양 떼를 위하여 삼가라 성령이 그들 가운데 여러분을 감독자로 삼고 하나님이 자기 피로 사신 교회를 보살피게 하셨느니라"(사도행전 20:28)

'성령이 그들 가운데 여러분을 감독자로 삼고, 하나님이 자기 피로 사신 교회를 보살피게 하셨느니라'라고 했습니다. 장로들은 교회의 목양자이지 주인이 아니라고 분명히 말하는 것입니다. 모든 교회는 예수님의 피의 대가로 세워졌습니다. 예수님이 아니면 그 누구도 교회의 소유를 주장할 수 없습니다.

그럼에도 불구하고 오늘날 교회 내에 자신이 교회의 주인이라고 말하는 사람들이 너무 많습니다. 어떤 의미에서 주인의식은 필요합니다. 잘 지키고 보호하는 것이 필요하지만 그것이 너무 지나쳐서 만약 힘이나 또 다른 부작용을 일으켜 이웃 사람들과 주변 사람들에게 폐를 끼친다면 그것은 큰 문제가 됩니다.

교회를 3대, 4대 섬겨왔던 신자들은 자신을 교회의 주인으로 여겨 어떤 경우에도 자기는 그 교회를 떠날 수 없다. 또는 떠나지 않는다고 말하기도 합니다. 좋은 생각이지만 옳지 않은 사상과 생각을 그대로 가지고 있으면서 교회 내에 남아 있다는 것은 큰 문제입니다.

교회의 장로, 권사, 목사는 일반 신자 위에 군림하거나 장악하는 계급이나 직위의 사람들이 아니라 도리어 살신성인(殺身成仁)하며 겸손히 섬기는 사람들입니다. 그런데 뜻밖에도 현실은 그렇지 않습니다. 많은 교회가 군대나 회사처럼 계급화되어 있습니다. 불행한 이야기지만 '언제

장로 되는 거야? 장로 땄어? 권사 땄어?'라고 말합니다. 직분은 따는 것이 아닙니다. 그런데 그렇게 말하는 버릇이 자기 자신도 모르게 이미 내면에 들어와 있는 현실을 보게 됩니다.

계급화 된 교회

뜻밖에도 많은 교회에서 그런 계급화 된 모습들이 나타납니다. 그 원인은 무엇일까요? 헌금을 많이 한 사람들의 경우, 헌금한 것이 하나님께 받은 것 가운데 성별하여 드렸다고 생각하지 않고 내가 다른 사람보다 더 많이 드렸다는 생각을 합니다.

장로나 권사는 계급이나 벼슬이라는 의식이 교회 안에 만연되어 있는데 그것은 잘못된 것입니다. 지상의 교회는 특정 개인에게 팔거나 주거나 자동 상속할 수 있는 것이 아닙니다. 교회도 스스로 개혁하지 않으면 썩을 수밖에 없고, 절대적인 힘과 권력을 가진 자는 반드시 부정부패할 수밖에 없다는 말은 교회 안에서도 예외 없이 실현되고 있다는 사실을 절실히 실감해야 합니다.

성경에 등장한 인물 가운데 교회가 자기 것이라고 주장하는 사람은 한 사람도 없습니다. 베드로, 야고보, 요한, 바울, 디모데 등 그 누구도 교회를 '내 교회'라고 한 사람이 없습니다. 늘 주님의 교회라고 말했습니다.

교회가 목사, 장로, 신자, 나아가 어떤 집단이나 단체의 것이라는 성경 구절도 전혀 찾아볼 수 없습니다. 성경에서 제사장의 직무는 아론의 지파 내에서만 혈통으로 이어졌습니다. 하지만 교회의 주인 행세하며 그 주인의식의 삶을 전수하고 물려준 경우는 없습니다.

교회는 주권적인 측면에서 볼 때 하나님 중심, 하나님 주권주의라 할 수 있습니다. 민주주의도 아닙니다. 개척을 한 목사라고 할지라도 교회의 주인이 될 수 없습니다.

교회의 주인은 오직 주님 한 분뿐이십니다. 예수님 자리에 인간들이 대신 앉아 있는 교회는 예수님이 없다고 해도 지나친 말이 아닙니다. 왜냐하면 그가 예수님 자리를 차지하고 있기 때문입니다.

어느 날 목사님, 장로님, 권사님 세 직분을 가진 분이 천국에 갔습니다. 하나님이 오는 사람들을 맞이하시는데 집사님이 오면 껴안고 뽀뽀하며 크게 환영을 하셨습니다. 그다음 장로님이 들어오니 악수하면서 왔냐고 그러시더랍니다.

마지막으로 목사님이 들어왔는데 가만히 앉아서 '너도 왔니? 저쪽에 가서 앉아라'라고 말하시더랍니다. 천사가 너무 신기해서 물어봤다고 합니다. '하나님, 집사님은 환영하고 장로님은 그래도 악수를 하시는데, 목사에게는 왜 그렇게 하시나요?' 그랬더니 '쟤네들은 내가 일어나면 내 자리에 와서 앉아'라고 했다고 합니다.

이 예화가 그냥 웃어넘길 일일까요? 이 이야기를 들으면 오늘날 교회에 지도력을 가지고 목양을 하고 있는 목사가 어쩌면 하나님 자리에 앉아 있는지도 모른다는 생각을 지울 수 없게 합니다. 타락한 목사들이 천국에 오니 보좌에 앉아 있던 예수님이 의자를 꽉 잡고 일어서지 않았다는 농담은 단순한 우스갯소리가 아니라, 현대 교회의 실상을 적나라하게 보여주는 한 단면이 아닐까 싶습니다.

주님의 교회

교회는 인간이 세운 인간의 교회가 아닙니다. 주님이 친히 세우신 주님의 교회입니다. 예수님은 베드로를 통해 '내가 이 반석' 위에 내 교회를 세우시겠다고 말씀하셨습니다. 견고한 '반석'은 대부분의 종교개혁자들이 '베드로의 신앙 고백' 곧 "주는 그리스도시요 살아계신 하나님의 아들이시니이다."(마 16:16)라는 고백을 이야기한다고 해석했습니다. 바로 주님을 '그리스도로 메시아'로 영접한 사람들의 모임이 교회입니다. '그리스도' 곧 '메시아'는 구약에서 제사장, 왕, 선지자를 가리키는 말로 사용되었습니다(삼상 16:6; 삼하 19:21; 시 105:15). 예수님이 인간을 죄에서 구원할 메시아로 믿고 그분의 말씀에 절대 순종하며 살기를 고백하는 사람들이 교회의 구성원이 됩니다. 따라서 성경은 교회의 주인이 예수님이라고 말합니다.

구약의 '카할(qahal: קהל)'이라고 하는 히브리어는 '하나님 백성의 회합, 회중, 부름 받은 공동체'를 의미합니다. 이런 의미로 신약에서는 부름 받은 공동체의 의미를 내포한 헬라어 '에클레시아(ἐκκλησία)'를 예수님께서 가장 먼저 사용하셨습니다. 하나님의 사람들, 하나님의 백성들이 모인 공동체(Assembly of GOD)가 바로 교회입니다.

교회가 건물이라고 생각하는 것은 큰 오류입니다. 그러나 가톨릭교회에서는 교회가 건물이라고 생각하는 경향이 높습니다. 세계 각지에 있는 화려한 성당들의 모습을 보면 어마어마한 구조물로 되어 있고, 성당 내부는 전부 순금으로 되어 있습니다. 그러나 이제 그렇게 멋진 빌딩 건물들이 술집으로 팔려나가거나 이슬람 사원으로 팔려 나가고 있습니다.

교회는 건물이 아니라 그리스도를 주로 믿는 믿음의 공동체가 교회입니다. 구별된 성도들이 모여서 예배하는 예배당이기 때문에 전혀 무관하지는 않지만, 예배당 건물 자체가 교회는 아닙니다. 우리는 교회의 올바른 의미를 바로 알아야 합니다. 믿음의 공동체는 성경적인 공동체가 되어야 합니다. 그런데 오늘날 많은 교회가 변질되고, 예배가 변질되었습니다.

어떻게 하면 오늘 나온 새 신자를 다음 주에 다시 오게 할 수 있을까? 예배를 잘 드리기 위하여 거룩한 발걸음으로 오는 것이 아니라, 이제는 사람들을 붙들려고 합니다. 어떻게 하면 더욱 사람들이 즐거워할 수 있을까? 어떻게 하면 사람들을 더 많이 모아 왕국을 만들까? 어떻게 하면 사람들이 지루해하지 않을까? 어떻게 하면 교회를 키워 큰 교회를 자랑할 수 있을까? 이런 데 초점이 가 있는지도 모르겠습니다.

언제부터인가 교회가 사업용으로 많이 변질되었습니다. 교회에 가서 집사라도 받아야 교인들이 물건을 팔아 준다고 합니다. 그러나 정직한 경영, 성경적인 경영을 하면 교회의 직분과 상관없이 하나님께서 큰 복을 주실 것입니다.

이제 예배당이 콘서트홀처럼 되었습니다. 교회 예배당에 오는 많은 사람이 아무것도 안 하고 찬양도 관람하듯 보는 수준이고, 설교도 하나님께서 세워주신 메신저를 통해 오늘 내게 주시는 하나님의 말씀이라는 감동보다는 어떤 한 편의 짧고 유익한 교육적인 강연이라고 생각하는 경우가 너무 많습니다. 그 결과 자신의 생각이나 기호에 맞지 않거나 재미가 없으면 관심을 두지 않습니다.

교회를 자신들을 위한 왕국으로 만들고 비즈니스로 생각한다면 그 교회는 이미 성경적인 교회가 아닙니다. 어쩌면 주님은 그 안에 안 계실 가능성이 아주 높습니다. 교회는 예배당 건물이 아닙니다. 예배당 건물은 교회가 회집하는 장소일 뿐입니다.

한 몸, 한 지체

교회는 예수님을 머리로 둔 몸입니다. 교회는 십자가에 피 흘리시고 상하신 우리 주님 그리스도의 몸으로서 주님과 결코 분리할 수 없는 존재입니다. 교회는 무덤에서 부활하신 주님의 몸입니다. 교회란 예수 그리스도를 구주로 믿는 모든 자의 모임입니다. 교회는 예수와 신비한 연합을 이룬 한 몸입니다. 교회란 예수를 머리로 한 몸이 된 지체들의 생명 공동체입니다. 교회는 단독으로 설 수 없는 유기체입니다.

손가락이 베었는데 온몸 전체가 아픔을 느끼지 않을 수 없으며 발바닥에 티눈이 생겼는데 온몸이 괴롭지 않을 수 없습니다. 한 몸이기 때문에 그렇습니다. 교회 장로나 권사나 집사나 성도가 아프면 나도 괴로운 것입니다. 교회에 출석하는 누군가가 아파도 내가 괴롭지 않다면 교회의 지체 의식이 결여된 경우입니다. 현대 교회는 이런 한 생명체의 몸 된 모습을 점점 잃어가고 있습니다.

교회란 생명의 길을 안내하는 진리의 등대요, 세상의 어두움을 밝히는 진리의 빛이요, 진리의 기둥이요, 시간과 공간을 초월하여 어느 시대이건 어떤 인종이건 어느 지역이건 상관없이 한 믿음을 가진 한 생명 공동체입니다.

그래서 하나님께서 우리를 교회로 부르신 것은 우리가 하나님께서 거하실 수 있는 성전이 되게 하시기 위함입니다. 성삼위 하나님께서 하나이신 것 같이 우리도 그리스도 안에 한 몸이 되어 역동적으로 살아 움직이는 생명체로서 모습을 보여야 합니다. 주님께서는 이 땅에 계실 때 교회가 항상 이런 소망을 가지고 살아가도록 간절히 기도하셨습니다(요 17:20-23).

주님은 우리를 예수 그리스도를 머리로 둔 한 몸이 되어 이 땅에서 소금과 빛의 사명을 감당하도록 선택해 주셨습니다. 놀라운 은혜입니다. 신분과 위치를 따지자면 하나님의 자녀라는 것으로 충분하지만, 하나님의 자녀요, 성도라는 것이 얼마나 영광스러운 지위인지를 우리가 알게 하기 위해서 교회라는 명칭으로 우리를 불러 함께 생활하도록 하셨습니다.

하나님은 교회를 통해서 만물을 충만케 하실 것이라고 말합니다. 교회를 통해서 하늘에서 이루신 그 모든 것을 땅에서도 이루실 것이라고 말합니다. 주님 안에서 주님의 사랑으로, 또한 그 사랑으로 함께 훈련하며 세워나갈 때 교회는 건강하게 성장할 수 있습니다. 이러한 교회를 바라보는 사람들은 '교회는 역시 다르다.', '교회만이 이 세상에 유일한 희망'이라는 새로운 인식과 큰 감동과 도전을 받게 될 것입니다.

 믿는 모든 자들이 이 영광의 자리에 있다는 것을 잊지 말고, 하나님께서 계속하여 역사하시는 성령의 역사를 따라 아름답고 건강한 교회를 세워가는 우리 모두가 될 수 있기를 간절히 소망합니다.

PART 03
성경이 이야기하는 교회의 속성

03

성경이 이야기하는 교회의 속성

에베소서 1:19-22

"그의 힘의 위력으로 역사하심을 따라 믿는 우리에게 베푸신 능력의 지극히 크심이 어떠한 것을 너희로 알게 하시기를 구하노라 그의 능력이 그리스도 안에서 역사하사 죽은 자들 가운데서 다시 살리시고 하늘에서 자기의 오른편에 앉히사 모든 통치와 권세와 능력과 주권과 이 세상뿐 아니라 오는 세상에 일컫는 모든 이름 위에 뛰어나게 하시고 또 만물을 그의 발 아래에 복종하게 하시고 그를 만물 위에 교회의 머리로 삼으셨느니라"(에베소서 1:19-22)

속성(屬性)이란 사물의 특징이나 성질을 말합니다. 그렇다면 교회를 특징짓는 고유한 특성이나 성질은 무엇일까요? 성경은 하나님께서 천지 만물을 창조하신 우주의 기원부터 영원한 천국과 지옥에 관한 진리까지 모든 것을 담고 있습니다. 인간의 이성과 지혜로 이해되는 것뿐만 아니라 사람의 생각이나 상상을 초월하는, 우리의 상상 밖에 있는 것까지 모든 것을 담아내고 있는 것이 성경입니다.

에베소서에는 교회의 본질과 속성에 관한 가르침이 자세히 나옵니다. 고린도전서에서는 교회 내에 있는 성례(성찬과 침례에 관한 예식)와 교회 내에 있는 여러 문제에 대해 다룹니다. 고린도 교회는 많은 문제가 있었고, 특별히 이 성례에 대한 언급도 있습니다. 베드로후서와 요한일서, 유다서는 교회 내의 이단들이 어떻게 교회를 공략해 왔는가를 다룹니다. 사도행전은 영혼 구원을 위한 전도와 선교의 사명을 다루고 있습니다. 교회의 직분과 직책에 대해서는 디모데전·후서, 디도서에 자세하게 나와 있습니다. 그래서 디모데전·후서, 디도서를 일반적으로 분류할 때 목회 서신이라고 말합니다.

주후 381년 니케아 콘스탄티노플 신조에는 다음과 같은 신앙 고백이 있습니다. '우리는 하나의 거룩한 세계적 교회를 믿습니다.' 하나의 교회, 거룩한 교회, 세계적 교회 이 세 가지가 교회의 3대 속성입니다.

하나의 교회

교회의 속성 가운데 첫 번째는 교회의 하나 됨(Unity)입니다.

교회는 하나입니다. 전 세계에 많은 교회들과 교단, 교파들이 있어도 교회는 과거, 현재, 미래를 통하여 단 하나의 교회가 존재할 뿐입니다. 장로교, 감리교, 성결교, 침례교 등 다수의 교파가 있을지라도 예수 그리스도를 구주와 주님으로 고백한 사람들은 모두 그리스도를 중심으로 하나입니다.

아담 이후의 모든 죄인은 오직 하나님의 은혜와 예수 그리스도의 속죄로만 죄 씻음을 받고 구원받을 수 있습니다. 그래서 예수 그리스도로 말미암아 구원받은 모든 사람은 어떤 교파나 교단, 이름과 상관없이 하나입니다. 그런데 현실적으로 이 하나 됨을 잘 지키지 못하고 있습니다. 바로 오늘날 교회의 연약성 때문입니다.

"예수께서 이르시되 내가 곧 길이요 진리요 생명이니 나로 말미암지 않고는 아버지께로 올 자가 없느니라"(요한복음 14:6)

요한복음의 말씀처럼 예수 그리스도로 말미암지 않고는 아버지께로 올 자가 없습니다. 이것은 전적인 하나님의 은혜입니다. 우리는 모두 죄인이기에 오직 예수 그리스도를 통하지 않고는 구원받을 수 있는 사람이 아무도 없습니다. 구원의 오직 유일한 조건은 예수님입니다. 또 예수 그리스도를 통하여 아버지께로 온 자는 모두 하나가 되어야 합니다. 구약 성경의 모든 사람도 장차 오실 메시아이신 예수님을 믿음으로 구원받았습니다.

"노아는 의인이요, 당세의 완전한 자라 그는 하나님과 동행하였으며"(창세기 6:9)

죄악이 관영한 세상 속에 살았던 노아의 구원을 이야기할 때 노아가 행위로 구원받은 것은 결코 아닙니다. 그가 의인이거나 완전한 삶을 살았기에 구원받은 것이 아닙니다. 그 악한 시대에 노아가 하나님과 동행할 수 있었던 것은 온전히 하나님의 은혜입니다. 노아와 같이 우리도 완전해서 구원받은 것이 아니라 우리가 예수를 구주로 영접하여 그 은혜로 하나님의 자녀가 된 것입니다. 그렇기 때문에 은혜로 말미암아 구원받은 모든 자녀는 하나입니다. 하나님의 자녀가 되고 교회가 되는 유일한 길은 예수 외에 다른 길이 없습니다.

착하게 살고, 좋은 일을 많이 하고, 많이 배웠다고 구원받는 것이 아닙니다. 구원은 아무런 조건이 없습니다. 나보다 선한 일을 많이 하고 베푸는 일에 더 힘쓰는 사람이라도 그 성품으로 구원받는 것이 아니라 오직 예수 그리스도를 믿음으로만 구원받는 것입니다. 그 믿음으로 구원받은 사람들은 한 믿음 안에서 모두가 하나입니다. 성경에 계시된 대로 구약에 있는 교회도, 신약에 있는 교회도 모두가 하나입니다.

"또 너희에게 이르노니 동 서로부터 많은 사람이 이르러 아브라함과 이삭과 야곱과 함께 천국에 앉으려니와"(마태복음 8:11)

창세 이후부터 지금까지 그리고 영원한 미래까지도 우리 모두는 그리스도로 말미암아 하나 되는 하나님의 한 가족입니다.

"그러므로 이제부터 너희는 외인도 아니요 나그네도 아니요 오직 성도들과 동일한 시민이요 하나님의 권속이라"(에베소서 2:19)

우리는 하나님의 가족이며 하나님의 권속입니다. 이 하나 됨의 성격은 영적인 면과 교리적인 면에서 또는 가시적인 유형의 교회에서도 모두 하나입니다. 그렇기 때문에 교회는 영적으로도 하나입니다. 주님의 몸 된 교회, 예수 그리스도를 머리로 하는 한 몸 된 교회이기 때문에 더욱 그러합니다.

"우리가 유대인이나 헬라인이나 종이나 자유인이나 다 한 성령으로 침례(세례)를 받아 한 몸이 되었고 또 다 한 성령을 마시게 하셨느니라"(고린도전서 12:13)

그리스도인은 한 성령으로 침례(세례)를 받아 한 몸이 되었습니다. 우리 몸은 한 몸이지만 여러 기능이 있습니다. 각 기능은 비교할 수 없는 다른 기능을 갖고 있지만 머리를 중심으로 신경계를 통해 함께 움직이는 하나의 몸입니다. 한 몸 된 우리는 하나님의 은혜로 예수 그리스도의 보혈을 믿음으로 구원받은 자이기에 하나입니다.

"같은 믿음을 따라 나의 참 아들 된 디도에게 편지하노니 하나님 아버지와 그리스도 예수 우리 구주로부터 은혜와 평강이 네게 있을지어다"(디도서 1:4)

'같은 믿음(κοινὴν πίστιν)'의 코이네는 '같다'는 뜻입니다. 피스티스는 '믿음'의 뜻을 갖습니다. 이처럼 하나의 공통된 믿음을 지닌 공동체가 교회입니다. 교회의 하나 됨은 바른 교리(같은 교리)를 떠나서는 생각할 수 없습니다.

벤저민 B 워필드(B.B. Warfield, 1851-1921)는 '참된 교회의 일체성'이라는 글에서 '신약 시대의 그리스도인의 하나 됨은 신자들의 공통적 기독교 신앙에 기초한다.'라고 말했습니다. 바로 예수를 믿는 믿음으로만 한 가족이 되는 교회가 되었다고 말하는 것입니다. 마틴 로이드 존스 목사는 『그리스도인의 일체성의 기초』라는 책에서 '진리와 교리를 떠난 일체성이란 없다.'라고 말했습니다. 이처럼 진리 되신 예수님을 떠나서는 교회의 일원이 될 수 없습니다. 교회는 인간의 무지와 오해로 하나님의 진리에 대해 동일한 이해와 신앙을 가지지 못하여 교단을 만들고 교파를 만들지만, 예수 그리스도를 믿음으로 구원받은 모든 가족은 하나입니다.

사도 바울은 분쟁하는 고린도 교회 성도들에 대해서 "모두가 같은 말을 하고 너희 가운데 분쟁이 없이 같은 마음과 같은 뜻으로 온전히 합하라"(고전 1:10)라고 말합니다. 그리스도께서 나뉘지 않으신 것처럼 한 몸 안에 붙어 있으니 서로 비난하지 말 것을 교훈합니다. 각 교회는 성도들 간의 참된 교제와 복음 전파를 위해서 범교단적으로 비진리에 대해서 함께 힘을 합하여 대적해야 합니다. 그렇게 할 때 진리를 옹호하는 일에 있어서 한마음으로 힘을 모으는 공동체가 되어 교회의 하나 됨을 이루기 때문입니다.

교회의 거룩성

교회의 속성 가운데 두 번째는 거룩성입니다.

"이는 곧 물로 씻어 말씀으로 깨끗하게 하사 거룩하게

하시고 자기 앞에 영광스러운 교회로 세우사 티나 주름 잡힌 것이나 이런 것들이 없이 거룩하고 흠이 없게 하려 하심이라"(에베소서 5:26-27)

교회를 세우신 하나님의 목적 가운데 하나는 교회의 거룩함과 구별됨을 위함입니다. 교리적으로 성도들은 진리의 말씀 가운데 의롭다 하심을 받고 거룩해진 존재들입니다. 바울이 고린도 교회에 "그리스도 예수 안에서 거룩하여지고(고전 1:2)"라고 보낸 편지처럼 우리는 이미 거룩하여졌습니다. 그런데 여전히 거룩해지지 못한 옛 성품에 젖어 있어서 내면에서 옛 성품이 이따금 나오곤 합니다. 그래서 다른 사람에게 상처 주는 말로 거룩한 삶을 온전히 살아내지 못하는 모습이 있습니다.

"이 뜻을 따라 예수 그리스도의 몸을 단번에 드리심으로 말미암아 우리가 거룩함을 얻었노라"(히브리서 10:10)

하나님은 예수 그리스도를 믿는 믿음으로 말미암아 우리를 거룩하게 하셨습니다. 내가 거룩하게 되려고 해서 거룩하게 된 것이 아니라 예수 그리스도를 믿어 영접하는 순간 하나님께서 거룩한 성도라고 불러주신 것입니다. 그래서 우리의 신분은 '거룩한 무리' 곧 성도(聖徒)라는 말이 여기에서 나온 것입니다. 이것은 하나님께로부터 이미 얻은 칭의의 진리를 포함합니다. 에베소서 1장 22-23절은 우리가 하나님께로부터 이미 받은 칭의 안에 있는 진리를 말합니다. 교회는 신분적으로만이 아니라 우리의 삶에서도 행동과 언어를 비롯한 모든 태도가 거룩함으로 드러나야 합니다. 우리는 머리이신 그리스도의 명령을 받아 사는 존재일 뿐만 아니라, 성령이 계시는 거룩한 성전이기에 거룩해야 하는 것입니다.

"너희가 하나님의 성전인 것과 하나님의 성령이 너희 안에 계시는 것을 알지 못하느냐"(고린도전서 3:16)

성경은 우리 몸을 성전이라고 말합니다. 우리가 성전을 짓는다고 표현하지만 엄밀하게 말하면 예배당을 짓는 것입니다. 한 사람 한 사람과 더불어 믿음의 공동체가 함께 모여 있는 교회가 성전입니다. 성경이 말하는 주 예수 그리스도를 사랑하고 그의 명령에 순종하는 거룩한 교회가 될 때 교회가 거룩하게 되는 것입니다.

오늘날 많은 교회가 성경에 기반한 교리에 튼실히 서 있지 못하고 매우 희미해져 있고 부패되어 있습니다. 그 결과 내 의견과 다르다는 이유로 적대시하는 경향이 있으며 심지어는 그들에게 악한 마음을 가지고 대하기도 합니다. 아브라함 카이퍼(Abraham Kuyper, 1837-1920)는 우리 시대에 크고 작은 교단들이 신학적 자유주의의 침해를 받아 왔는데 그것은 성경이 하나님의 말씀인 것과 그리스도께서 하나님의 아들이시며 초자연적인 구원의 본질임을 부정하는 것이라고 말했습니다.

지상의 교회는 흔히 전투하는 교회로 표현됩니다. 악

한 것도 포용하는 것이 사랑은 아닙니다. 교회는 언제나 악을 악으로 단정하고, 악과 타협하지 않고 참된 진리를 사수하는 바른 교회로 서 있어야 합니다. 자식이 범죄 하는데 감싸주는 것은 사랑이 아닙니다. 선한 싸움을 마치고 이미 천국에 들어간 성도들은 승리한 교회입니다. 그래서 그들은 안식에 들어가 있지만 아직 안식에 들어가지 못한 우리는 이 땅에서 성경에 위배 되고, 하나님의 말씀에 반대되는 것들에 대해서 마땅히 대적하며 싸워야 합니다. 이것이 영적 전투입니다. 그렇기 때문에 교회는 항상 구별되어야 합니다. 세상 모든 사람이 좋다고 해도 성경이 아니라고 말하면 단호하게 아니라고 말할 수 있어야 합니다. 세상 모든 사람이 다 싫어해도 참된 진리를 위해서 함께 싸우고 거룩함을 유지하며 살아야 합니다.

세계적 교회

교회의 속성 가운데 세 번째는 세계적인 교회입니다.

침례교회는 사도신경을 외우지 않지만 침례교 외에 장로교나 순복음, 감리교 등의 교단은 사도신경을 외웁니다. 사도신경에 보면 '거룩한 공교회'라는 구절이 있습니다. 이 부분은 가톨릭과 개신교의 견해가 조금 다릅니다. 개신교는 예수 그리스도를 믿음으로 구원받는다고 믿습니다. 그런데 가톨릭은 보편적으로 선행으로 구원받는다고 합니다.

극단적인 예로 가톨릭을 믿어도 예수를 믿음으로 구원받는다고 하면 이단은 아닙니다. 그런데 교회에 출석해도 예수 없이 '착하게 살면 구원받는다'라고 말한다면 이는 성경이 말하는 구원의 가르침이 아닙니다. 구원의 유일한 조건은 예수 그리스도입니다. 성경은 예수 그리스도를 믿음으로 말미암아 구원받는 길을 분명히 가르치고 있습니다. "내가 곧 길이요 진리요 생명이니 나로 말미암지 않고는 아버지께로 올 자가 없다"(요 14:6)라고 말합니다.

잘 베풀고 선한 일을 많이 해서 천국에 간다면 우리 가운데 가지 못할 사람이 너무나 많습니다. 오히려 대기업 회장은 한 번 기부할 때 수천억씩 기부할 수 있어서 천국에 잘 갈 수 있을 것입니다. 이와 반면에 가난한 사람은 천국에 가지 못할 것입니다. 그렇기 때문에 가난한 자든 부유한 자든 그 누구라도 갈 수 있는 길, 예수만 믿으면 갈 수 있는 길이 바로 교회의 독특성이고 교회의 참된 속성입니다.

"교회는 그의 몸이니 만물 안에서 만물을 충만하게 하시는 이의 충만함이니라"(에베소서 1:23)

교회는 유대인과 이방인을 포함하여 하나님의 거대한 가족이며 집입니다. 피부색이나 종족이 어떠하든지 예수 그리스도를 믿음으로 말미암아 받는 구원의 확신과 자신의 죄를 고백하고 주님을 영접하는 모든 사람은 교회 안에서 하나가 되는 것입니다.

"형제들아 너희가 스스로 지혜 있다 하면서 이 신비를 너희가 모르기를 내가 원하지 아니하노니 이 신비는 이방인의 충만한 수가 들어오기까지 이스라엘의 더러는 우둔하게 된 것이라"(로마서 11:25)

'이 신비와 비밀'은 이방인이라도 예수만 믿으면 구원받는 것을 말합니다.

"이 일 후에 내가 보니 각 나라와 족속과 백성과 방언에서 아무도 능히 셀 수 없는 큰 무리가 나와 흰 옷을 입고 손에 종려 가지를 들고 보좌 앞과 어린 양 앞에 서서"(요한계시록 7:9)

언어나 피부색이나 족속이나 나라가 달라도 상관없습니다. 성경이 말하는 진리는 '예수 그리스도만 믿으면' 구원받는다는 것입니다.

로마 천주교회가 자신을 가톨릭교회라 말합니다. 이들은 가톨릭교회 안에 들어와야 구원받는다고 말합니다. 이것은 성경의 진리와 전혀 다릅니다. 안식일을 지켜야만 구원받는다거나 가톨릭교회 안에 들어와야만 구원받는다고 말한다면 이것은 큰 문제가 됩니다. 지상의 교회는 모두 완전하지 않습니다.

어느 교파에 속한 교회를 나가도 예수 그리스도를 믿음으로 고백하고 하나님의 말씀을 절대 권위로 인정하는 사람은 구원받습니다. 교회는 구원받은 자들의 모임입니다. 예배당에 모이는 공동체라고 다 교회가 아닙니다. 교회를 오래 다니고 직분은 받았어도 아직 예수를 구주로 믿지 않는다면 아직 교회의 일원이 아닙니다.

이런 전도지를 봤습니다. '목사가 예수 믿고 구원받다.' 대한민국 신학교나 목사 가운데도 아직 예수 그리스도의 십자가의 대속적인 죽음과 예수 그리스도의 부활을 믿지 않는 사람이 2%나 됩니다. 그렇기 때문에 예배당 공동체에 나온 것 못지않게 더 중요한 것은 내가 예수 그리스도를 구주와 주님으로 영접한 것이 가장 중요합니다. 세계적 교회는 장차 오시는 하나님 나라에서 온전히 성취될 것입니다.

우리는 어딘가 아플 때 약을 먹습니다. 약을 통해 통증이 회복되기 때문입니다. 그런데 우리는 약의 성분을 모두 알지 못하고 섭취합니다. 갈색 젖소가 초록색 풀을 먹고 흰색 우유를 내는데 사람은 그 우유를 마시면 에너지가 생깁니다. 이것은 현대 과학으로도 설명하지 못합니다.

이처럼 우리는 예수님에 대해서 다 알 수 없습니다. 예수 믿으면 구원받는다는 것을 알고 믿음의 삶을 살아가는 동안 더 깊이 알아가게 되는 것이지 다 알기 때문에 믿는 것이 아닙니다. 성경은 명백히 절대 진리를 말합니다. "주 예수를 믿어라. 그리하면 구원을 받으리라."(행 16:31)

"우리의 시민권은 하늘에 있는지라 거기로부터 구원하는 자 곧 주 예수 그리스도를 기다리노니"(빌립보서 3:20)

우리의 시민권은 하늘에 있습니다. 대한민국 주민등록증을 갖고 사는 대한민국 국민이지만 우리는 동시에 하나님 나라 시민입니다. 하나님 나라의 시민권을 가진 사람이 하나님 나라에 들어가게 될 때 우주적인 교회, 세계적인 교회, 보편적인 교회가 그곳에 온전하게 이루어지는 것을 발견하게 될 것입니다. 우리가 태어난 고향은 다 다르지만 우리의 본래 고향은 천국입니다.

"그들이 이제는 더 나은 본향을 사모하니 곧 하늘에 있는 것이라 이러므로 하나님이 그들의 하나님이라 일컬음 받으심을 부끄러워하지 아니하시고 그들을 위하여 한 성을 예비하셨느니라"(히브리서 11:16)

우리는 교회의 세 가지 속성을 기억하며 참 교회를 세워가야 합니다. 교회는 교리적인 유형적 하나 됨을 지켜야 합니다. 또 교회는 윤리적 거룩함을 지켜야 하며 세계적인 안목을 가져야 합니다. 나와 생각이 다르고 모습과 풍습이 달라도 예수 그리스도를 믿는 믿음을 가지고 있다면 한 가족으로 이해하고 한 가족으로 살아가는 사랑의 공동체가 되어야 합니다.

세상 모든 교회가 성경적인 교회의 속성을 확실하게 가진 교회로 성장해야 합니다. 이것을 잘 장착하여 교회의 하나 됨과 교회의 거룩함이 무엇인지 선명하게 보여주고, 교회의 보편성과 공교회성을 증명하는 건강한 성경적인 한국 교회가 되길 간절히 소망합니다.

PART 04
성경이 이야기하는 교회의 특징

04

성경이 이야기하는 교회의 특징

사도행전 9:31

"그리하여 온 유대와 갈릴리와 사마리아 교회가 평안하여 든든히 서 가고 주를 경외함과 성령의 위로로 진행하여 수가 더 많아지니라"(사도행전 9:31)

사도행전 9장 31절은 아름다운 교회의 모델로 '성경이 말하는 교회는 어떤 교회인가'를 잘 보여주는 초대 교회의 건강한 성장의 모습을 알려줍니다.

아직 복음이 땅끝까지 이르지는 못하였지만 온 지방의 교회가 평안하다고 말합니다. 문자 그대로 단순히 읽으면 교회가 평안하다는 것으로 이해되지만 '그리하여'라는 단어 뒤에 내용이 연결되어 있습니다.

당시 초대 교회는 유대인의 핍박과 박해가 있었습니다. 성령 충만함으로 설교한 스데반은 유대인이 던진 돌에 맞아 죽었습니다. 교회가 박해받고 사람들이 모두 흩어졌습니다. 빌립은 더 이상 예루살렘 교회에 머물 수 없어서 사마리아로 갔습니다. 사도들은 공회에 붙들려 가고 다시는 예수를 전하지 말라는 경고를 받고 매를 맞고 감옥에 갇혔습니다.

이런 상황에서 교회가 어떻게 평안할 수 있을까요? 이런 구절 뒤에는 오히려 부정적인 내용이 나와야 할 것 같습니다. '교회는 점점 쇠퇴해갔다. 교회는 퇴락하고 힘을 잃었다. 교회는 드디어 문을 닫기 시작했다. 교회는 완전히 무너지고 성도들은 교회를 떠났다.' 이렇게 진행되어야 흐름이 맞고 정상이라고 생각할 수 있습니다.

그런데 오히려 성경은 '온 교회가 평화를 누리면서 든든히 서 가고'라며 긍정의 상황을 보여줍니다. 박해받는 동안에 오히려 온 교회가 평화를 누리면서 든든히 서 갔으며 터전을 더욱 튼튼히 잡았다고 합니다.

세상의 평화 VS 성경의 평안

세상의 평화와 성경이 말하는 평안은 분명히 대조됩니다. 세상이 말하는 평화는 문제가 없고, 평안하고, 어려움이 없고, 고통과 아픔과 슬픔, 눈물이 없는 즐거운 상황만을 이야기하지만 성경이 말하는 평안은 이와 전혀 반대로 어떤 상황이든지 말씀 속에 위로를 얻으며 성령 하나님과 동행하며 소망을 가지고 살아가는 것입니다.

초대 교회는 박해 가운데 있었습니다. 눈물 없이는 하루도 보낼 수 없는 절박한 상황이 그들에게 다가왔습니다. 그렇지만 그들에게는 세상이 줄 수 없는 참 평안이 있었습니다. 어떤 상황과 형편 속에서도 내면으로부터 오는 염려하지 않는 평안이 그들 안에 그리고 예루살렘과 갈릴리, 사마리아 교회까지 가득했습니다. 그래서 흔들리지 않는 담대함과 안정감이 교회 내에 가득 차 있었습니다.

이처럼 그리스도인은 매를 맞고, 옥에 갇히고, 모욕과 수치를 당하고, 가난하고, 병들고, 핍박받아도 하나님의 말씀 속에 성령 하나님의 위로를 얻으며 소망을 가지고 살아가는 사람입니다. 그렇기에 그리스도인들은 어떤 상황 속에서도 예수 안에 참된 평안을 누릴 수 있는 사람들입니다.

소망과 희망은 다릅니다. 희망은 그렇게 될 수도 있고 안 될 수도 있는 상황 가운데서 좋은 것을 바라는 것이라면 소망은 반드시 그렇게 될 일에 우리의 마음과 생각을 두는 것입니다. 예수 믿는 모든 사람들은 천국을 소망합니다. 천국을 희망하는 것이 아닙니다.

사업을 벌이는 사람은 사업이 잘되기를 희망하지만 잘 안 될 수도 있습니다. 그런데 예수 믿는 사람이 천국 가는 것은 100% 확실합니다. 그 확실한 천국을 소망 중에 바라고 있기 때문에 지금의 삶이 아무리 힘들고 어려워도 항상 기뻐하며 살 수 있는 것입니다. 이런 신앙을 소유한 사람들은 이 세상이 감당하지 못하는 위대한 성도들입니다 (히 11:38).

유대와 갈릴리, 사마리아 지역에 있는 교회들은 핍박과 박해가 극심하여 견디기가 어려웠습니다. 그래서 사도 외에 모든 그리스도인들이 온 사방으로 흩어진 상황에 처했습니다. 그들은 옥에 갇히고 매를 맞았습니다.

예수의 이름으로 복음을 전하지 못하도록 공회가 주도

적으로 나섰습니다. 특히 당시 종교 지도자인 대제사장, 서기관, 바리새인들이 오히려 예수 믿는 사람들을 핍박하고 박해했습니다. 고난 없이 박해와 핍박 없이 마음 놓고 신앙생활을 하며 복음을 어디서나 누구에게든지 언제든지 전할 수 있는 그런 분위기가 전혀 아니었습니다. 전하고 싶어도 전할 수 없었고 소리 내어 크게 기도하지도 못했습니다. 찬송도 마음 놓고 부를 수가 없었습니다. 발각되는 날에는 여지없이 핍박과 박해를 면할 수 없었기 때문입니다.

예수 믿는 자들은 어디에 있든지 잡아 묶어 감옥으로 보냈습니다. 복음을 거부하고 성도들을 비웃고 조롱했던 시대였습니다. 스데반이 사람들이 던지는 돌무더기 속에서 처참하게 죽임을 당하는 상황이 바로 이 일 직전에 일어났습니다. 그리고 그 혼란과 박해를 피하여 빌립이 도망갔던 곳이 사마리아입니다.

그런데 이런 상황 가운데도 교회가 평안을 누릴 수 있

었던 비결은 바로 주님을 두려워하는 마음과 성령의 위로함이 그들에게 강하게 임했기 때문입니다. 그들이 두려워하는 것은 오직 하나님뿐이었습니다.

하나님을 두려워하는 사람은 세상 그 어떤 것도 두려워하지 않습니다. 그러나 하나님을 두려워하지 않는 사람은 세상 모든 것을 두려워합니다. 초대 교회 성도들은 예수 믿는다고 감옥에 갇히고 매를 맞고 죽임을 당했지만 그들은 그 어떤 환경에서도 흔들리지 않고 예수님의 말씀을 강하게 붙드는 확고한 신앙이 있었습니다. 예수님께서 제자들을 보낼 때 이렇게 말씀하셨습니다.

"몸은 죽여도 영혼은 능히 죽이지 못하는 자들을 두려워하지 말고 오직 몸과 영혼을 능히 지옥에 멸하실 수 있는 이를 두려워하라"(마태복음 10:28)

초대 교회 성도들은 주님의 약속의 말씀을 절대 신뢰하며 하나님만 두려워하는 삶을 그대로 살아냈습니다. 참된 평화는 하나님을 경외하고 두려워하는 신앙 안에 있는 것입니다. 그리스도인은 가난, 질병, 아픔, 고통이 크게 두렵지 않습니다.

신앙의 근본은 하나님이 약속하신 말씀을 믿는 믿음 안에 있기 때문입니다. 초대 교회 성도들은 그 신앙과 믿음이 있었기 때문에 수많은 역경 속에서도 참된 평화를 누리고 든든히 교회를 세워갈 수 있었습니다.

그리스도인이 하나님만 경외하는 믿음으로 굳건히 서서 평안을 누리는 삶을 살아갈 때 세상 사람들은 우리를 다르게 보게 됩니다. 우리가 세상 사람들이 두려워하는 것을 두려워하고 그들이 부러워하는 것을 똑같이 원한다면 믿지 않는 자와 별반 다른 것이 없을 것입니다. 예수를 믿어서 받는 세상적인 복도 있지만 핍박과 박해, 가난과 질병 가운데도 여전히 믿지 않는 자들은 알지 못하는 기쁨으로 자족하는 삶을 살면서 하나님의 영광을 위해 살 수 있습니다. 이것이 신앙의 신비입니다.

교회의 기초

집 그림을 그릴 때 보통은 지붕을 그리고, 기둥을 그리고, 마지막으로 바닥을 그립니다. 그런데 건축가는 집을 그리면 절대로 지붕을 먼저 세우지 않습니다. 한국 교회 성도들이 신앙의 집을 지으면 지붕과 창문부터 화려하게 만들고 보란 듯이 기둥을 먼저 세웁니다. 그러나 이런 건축의 순서라면 바람이 불고 창수가 나면 쉽게 무너지게 됩니다.

결혼식 주례를 할 때마다 신랑, 신부에게 하는 이야기가 있습니다. '두 사람이 집을 지었을 때 아무도 그 차이를 알아볼 수 없을 만큼 똑같이 지었습니다. 디자인도 같았고 재료도 같았습니다. 모양과 심지어 색깔까지 같았습니다. 세월이 흘러 어느 날 큰비가 내리고 창수가 그 집에 부딪히자 한 집은 쉽게 무너진 데 반하여 한 집은 견고하게 서 있었습니다. 차이는 기초였습니다.'

예수님께서 산상 수훈 마지막에 하신 말씀도 동일합니다. "내 말을 듣고 행하는 사람은 반석 위에 집을 지은 지혜로운 사람 같을 것이나, 내 말을 듣고도 행하지 않는 사람은 모래 위에 집을 지은 어리석은 사람 같으니, 비가 내리고 창수가 나매 그 집이 무너져 그 무너짐이 심하니라."(마 7:24-27)

한국에 수많은 교회가 있지만 우리는 단지 완성된 모습을 보는 것뿐입니다. 실제 기초 공사부터 시작하여 벽체와 기둥이 세워지고 지붕을 덮는 모습을 자세하게 살피지 않고는 그 집의 견고함을 알 수가 없습니다.

예를 들어, 어떤 성도가 신실하게 주일에 예배당에 나와서 찬양하고 기도하고 헌금을 드리며 신앙생활을 하는 것만으로는 그 사람의 신앙을 잘 알 수 없습니다. 그 사람의 신앙의 기초가 어떤가를 면밀히 살펴보아야 합니다. 이것이 아주 중요합니다.

구원의 확신은 믿는 사람에게 중요합니다. 그러나 구원의 확신보다 더 중요한 것은 우리의 삶입니다. 기초 없는 화려한 기둥, 아름다운 창문, 리모델링한 지붕은 아무런 소용이 없습니다. 따라서 우리는 말씀의 기초 위에 신앙의 집을 아름답게 세워가야 합니다. 하루아침에 되지는 않습니다. 성경을 매일 묵상하고 기도하며 성령과 동행하는 역사를 통해 믿음이 견고히 세워지는 것입니다.

창세기에 보면 요셉이 흠 없는 예수님의 완벽한 모델로 모형학(typology)적으로 드러납니다. 그런데 그 요셉 또한 어느 날 하늘에서 뚝 떨어진 것이 아닙니다. 요셉은 믿음의 4대 가문에서 자란 사람입니다. 그리고 오랫동안 고난과 연단을 통해 그의 믿음이 견고해졌습니다.

출애굽기에 보면 이스라엘 백성들이 애굽에서 나와 광야를 지나는 동안 믿음이 없어 하나님을 원망합니다. 애굽에 있었을 때는 고기가 많이 있었는데 이 광야에는 왜 부추도 없고 고기도 없냐면서 불평했습니다. 그때 하나님께서 이스라엘 백성들에게 메추라기를 주셨습니다. 놀랍게도 메추라기가 이스라엘 진(陣) 사면에 날아와 떨어졌습니다.

메추라기가 이스라엘 진 사면 동서남북 전체에 둘러 두 규빗 두께로 쌓였습니다. 두 규빗이라면 90cm 두께만큼 쌓인 것인데 이 두께는 집 밖에 나가면 그냥 걸어갈 수가 없고 계단을 딛고 올라가야 하는 높이입니다. 그런데 그 많은 메추라기 중 이스라엘 백성들이 직접 잡은 메추라기는 단 한 마리도 없었습니다. 모두 하나님이 보내주신 것입니다. 우리의 구원도 마찬가지입니다. 나의 노력이나 선행으로 구원받은 것이 아닙니다.

기다림의 열매

복음이 처음 들어가는 동네에서는 건달도 깡패도 술주정뱅이도 무당도 기생도 축첩자도 예수를 믿고 변화되어서 복음의 큰 역사가 일어납니다. 그런데 100년, 150년 이상 연조가 있는 교회들은 대부분 당대에 예수를 믿은 사람들이 아니라 3대, 4대에 걸쳐 믿어온 사람들이 모여 있습니다.

하나님은 성경에서 아브라함, 이삭, 야곱, 요셉에게 약속의 씨를 보내겠다고 약속하셨습니다. 그리고 예수님이 오시기까지는 이천년이 걸렸습니다. 이처럼 기다림의 긴 시간이 필요합니다.

집의 기초를 만들고 초석을 다질 때는 아직 완성된 아름다움을 보기란 어렵습니다. 도저히 이곳에 아름다운 집이 지어질까 상상이 되지 않지만 지나고 나면 아름다운 건물들이 서게 됩니다. 기초를 세울 때는 먼지가 나고 힘들고 고통스러움이 있지만 그 시간은 금방 지납니다. 건물이 다 지어지면 모두가 감탄할 아름다운 건물이 완성되는 것입니다.

사람들은 흔히 유럽 교회가 죽었다고 말합니다. 그러나 복음을 기초로 흐르고 있는 유럽 사회 근간의 문화는 그 깊이가 말로 형언할 수 없을 만큼 깊습니다. 반면에 한국 교회의 건물 외관이나 예배는 굉장히 화려합니다. 그런데 성경적 가치관과 문화는 거의 없습니다.

우리의 각 가정에 아직 복음의 뿌리가 약하다고 생각이 든다면 걱정하거나 절망하지 않아도 괜찮습니다. 2대, 3대, 4대에 걸쳐서 아름다운 신앙의 뿌리가 깊어가고, 그 연조가 쌓이면, 하나님께서 우리의 후손들 가운데 하나님 앞에 영광 돌리는 아름다운 신앙의 모델들을 세워주실 것이기 때문입니다. 인생도 마찬가지로 하루아침에 완벽해지지 않습니다. 인생에도 시간이 필요합니다. 그 깊어지는 시간을 인내할 필요가 있습니다.

"그러므로 누구든지 나의 이 말을 듣고 행하는 자는 그 집을 반석 위에 지은 지혜로운 사람 같으리니"(마태복음 7:24)

그리스도인은 말씀과 기도를 통해 신앙이 성장하고 성숙하게 됩니다. 또 현실 속에서 헌금 생활과 십일조 훈련을 통해서 물질을 다스리는 법을 배우고, 주일 성수를 통해서 시간을 다스리는 방법을 배웁니다. 그리고 주어진 시간을 하나님을 위해서 어떻게 드리고 또 나를 위하여 어떻게 사용할 것인가를 배우게 됩니다.

때로는 금식 기도와 새벽 기도, 철야 기도를 통해서 어려운 난관을 이겨내는 것을 배워가는 여정들을 통해 성숙한 성도가 되어갑니다. 무엇보다 말씀을 현실에서 참고 인내하며 지킴으로 고난을 이겨내고 세상에 선한 영향력을 끼치며 살아갑니다. 시계추처럼 주일에만 왔다 갔다 한다고 해서 성숙한 신앙인이 될 수 없습니다. 핍박을 받고 고난 중에 있는 초대 교회 성도들에겐 성령의 위로가 함께했습니다. 그들은 하나님을 두려워하던 성도들이었습니다. 초대 교회 성도들과 같이 우리의 마음도, 신앙도, 예수님을 닮아 성경적인 건강한 교회의 모습으로 성숙해 가길 간절히 소망합니다.

PART 05
성경이 이야기하는 교회의 사역

05

성경이 이야기하는 교회의 사역

사도행전 10:1-7

"가이사랴에 고넬료라 하는 사람이 있으니 이달리야 부대라 하는 군대의 백부장이라 그가 경건하여 온 집안과 더불어 하나님을 경외하며 백성을 많이 구제하고 하나님께 항상 기도하더니 하루는 제 구 시쯤 되어 환상 중에 밝히 보매 하나님의 사자가 들어와 이르되 고넬료야 하니 고넬료가 주목하여 보고 두려워 이르되 주여 무슨 일이니이까 천사가 이르되 네 기도와 구제가 하나님 앞에 상달되어 기억하신 바가 되었으니 네가 지금 사람들을 욥바에 보내어 베드로라 하는 시몬을 청하라 그는 무두장이 시몬의 집에 유숙하니 그 집은 해변에 있다 하더라 마침 말하던 천사가 떠나매 고넬료가 집안 하인 둘과 부하 가운데 경건한 사람 하나를 불러"(사도행전 10:1-7)

오늘날 우리는 과연 이 세상을 살면서 예수 믿는 사람의 모습으로 살아가고 있는지 반문해야 합니다. 우리를 보고 정말 이 사람은 예수쟁이라고 말할 수 있을까요? 우리의 신앙이 교회에 오면 직분자로서 명분을 가지고 열심히 봉사하고 섬기지만 실제 우리의 삶에서는 그렇지 못한 모습들을 종종 보게 됩니다. 예수 믿는 사람이라면 예배드리는 예배당뿐만 아니라 우리가 속해 있는 어떤 상황에서든 예수 믿는 사람답게 말하고 행동해야 합니다.

아브라함 카이퍼(Abraham Kuyper, 1837-1920년)는 목사가 된 뒤에 약 9년 정도만 목회를 하고 그만두었습니다. 유럽이 좌경화되자, 그는 정치계에 하원 의원으로 입문했고 그 후에는 상원 의원으로 당선되었습니다. 그리고 수상에 올랐습니다. 정치를 하면서도 그는 신학을 계속 공부하여 수많은 신학 서적을 출간했습니다. 83세를 사는 동안 굉장히 많은 사역을 감당하면서 네덜란드를 넘어 전 세계에 선한 영향을 끼쳤습니다.

그는 '영역 주권 사상'이라는 신학 이론을 발표했습니다. 영역 주권이란 천지 만물의 창조주요 주권자이신 하나님께서 그의 아들 예수 그리스도에게 하늘과 땅의 모든 권세를 주셨으므로 그리스도의 주권은 교회뿐만 아니라 창조 세계 전체 즉 인간의 삶의 모든 영역인 국가, 정치, 경제, 사회, 문화, 예술, 과학, 교육 등에 미치지 않는 곳이 없다는 것입니다. 그래서 하나님께서 이 세상 모든 영역에 주권자로 다스리시기에 모든 영역의 활동이 하나님의 뜻에 부합하며, 하나님의 영광을 드러내야 한다고 합니다.

영역 주권은 그리스도인들이 삶의 전 영역에서 항상 하

나님의 주권을 인정하고, 그분의 뜻에 순응하여 영광을 드러내기 위하여 끊임없이 노력해야 하는 사회적 책임을 일깨워줍니다. 그런 까닭에 꼭 예수 잘 믿어서 목사 되고 선교사가 되는 것만이 하나님의 일을 하는 것은 아니라는 것을 알려줍니다. 어떤 직이든지 어떤 자리든지 하나님께서 내게 주어진 사명이 무엇인지를 깨닫고 하나님의 자녀답게 바르게 살면서 하나님의 영광을 드러내는 것이 중요하다는 것이 영역 주권입니다.

그가 가장 크게 한 일은 교육 개혁이었습니다. 네덜란드 자유대학교(Vrije Universiteit Amsterdam)를 세워 그의 교육 철학을 실현하고자 부단히 노력했고, 수많은 인물을 배출했습니다. 그의 교육 개혁은 지금도 네덜란드에 큰 영향을 끼치고 있습니다. 네덜란드는 나라의 크기가 우리나라의 3분의 1밖에 안 되는 작은 나라입니다. 그런데 세계 경제 순위는 항상 6위 안에 있고, 우리보다 뒤처진 적이 한 번도 없습니다.

네덜란드의 3분의 2가 해수면보다 낮아서 둑이 없으면 물에 잠기는 땅이지만, 많은 사람들이 이 나라를 부러워합니다. 네덜란드 교육의 내용은 학생들이 모르는 것을 가르치는 것이 아니라, 하나님께서 자녀들을 이 땅에 보내실 때 넣어두신 재능이 무엇인지 찾고 그들이 무엇을 하도록 하나님이 보내셨는지를 알아서 그렇게 살도록 교육합니다.

교육이라는 원어의 뜻은 '찾아내다. 발견해내다. 끌어내다.'라는 뜻입니다. 아브라함 카이퍼가 말하는 핵심 내용은 에스라와 느헤미야가 외쳤던 "건축하는 자가 각각 허리에 칼을 차고 건축하는 것처럼"(느 4:18) 교회와 정치, 경제, 사회, 가정, 학교, 직장, 학문, 문화, 예술 등 어디에 있든지 성경적인 가치관을 갖고 하나님의 자녀답게 살아가야 한다는 것입니다.

우리가 예배당에서 하나님께 예배드리고 교회에서 봉사할 때와 같이 코람데오(Coram Deo)의 삶의 자세를 일상

생활에서도 동일하게 유지하면서 거룩한 하나님의 자녀로 하나님께 영광 돌리며 살아야 하는데, 많은 그리스도인들이 그렇지 못합니다.

신앙의 기초 - 오이코스

오이코스(οἶκος)는 헬라어로 '집, 가정, 가족'이라는 뜻입니다. 성경에서는 오이코스가 거의 '집'이라는 단어로 번역되어 있습니다. 넓게 표현하면 친척, 친구, 이웃, 직장 동료, 모임의 회원을 말하며, 사장이 고용한 사람들 또는 회사 직장 내 상관들까지 포함한 소그룹 집단 전체를 통칭하여 부릅니다. 28장으로 이루어진 사도행전 안에 오이코스라는 단어가 52번이나 나옵니다.

매주마다 우리는 주일 예배, 새벽 예배, 수요 예배, 금요 심야 예배로 교회에서 많은 예배를 드립니다. 그렇지만 우리는 교회보다 가정에서 보내는 시간이 더 많습니다. 그렇기 때문에 내 삶의 터전인 가정과 직장에서 내가 그리스도인답게 거룩한 삶을 살아야 합니다. 그것이 바로 영역 주권을 인정하고, 성경이 가르치는 삶을 사는 것입니다.

초대 교회는 집에서부터 시작되었습니다. 예수님께서 감람산에서 승천하신 후에 제자들이 예루살렘으로 돌아왔습니다. 그리고 열흘 뒤 오순절이 되었을 때 성령이 임합니다.

"오순절 날이 이미 이르매 그들이 다같이 한 곳에 모였더니 홀연히 하늘로부터 급하고 강한 바람 같은 소리가 있어 그들이 앉은 온 집에 가득하며"(사도행전 2:1-2)

사도행전 2장 1-3절에 보면 오순절 날 저희가 다 한 곳에 모였고, 홀연히 하늘로부터 급하고 강한 바람 같은 소리가 있었다고 합니다. 그리고 온 집에 불의 혀같이 갈라지는 것이 눈에 보였습니다. 그리고 각 사람 위에 성령이 임하여 저희가 다 성령의 충만함을 받고 성령이 말하게 하심을 따라 다른 방언으로 말하기를 시작했습니다. 마가의 다락방에 있는 온 집에 성령이 가득 임하는 모습을 사람들이 소리로 듣고 눈으로 보았습니다.

다락방에 모인 120명이 예루살렘 교회의 시작이었습니다. 베드로가 한 번 설교할 때 날마다 믿는 자의 수가 더해 가 "믿는 자가 많으니 남자의 수가 약 오천이나 되었더라"라고 합니다(행 4:4). 예루살렘 교회는 큰 교회가 되었습니다. 날로 늘어가는 교회 안에 수많은 오이코스 교회들이 있었다는 것입니다.

또 저희가 사도의 가르침을 받아 날마다 마음을 같이하여 성전에 모이기를 힘쓰고 집에서 떡을 떼었습니다. 여기에 가장 중요한 두 개의 장소를 언급합니다. 하나는 성전이고, 하나는 집입니다. '떡을 떼며'라는 뜻은 문자적으로 떡을 먹었다는 뜻도 있지만 성도의 교제, 가족의 교제를 이야기합니다. 기쁨과 순전한 마음으로 음식을 먹는 것을 말하는 것입니다.

"사울이 교회를 잔멸할새 각 집에 들어가 남녀를 끌어다가 옥에 넘기니라"(사도행전 8:3)

사울이 각 집에 들어가 남녀를 끌어다가 오게 합니다. 사울이 교회와 예수 믿는 사람들을 박해할 때 집에서 잡았다고 합니다. 그들은 이미 가정에서 교회를 형성하고 있었던 것입니다. 사도행전 21장 8절 이하에 보면 '이튿날 떠나 가이사랴에 이르러 일곱 집사 중 하나인 빌립의 집에'라고 합니다. 즉 일곱 집사 중 빌립의 이야기를 할 때 '일곱 집사 중 하나인 빌립의 집에'라고 말합니다. 빌립의 집은 경건한 가정의 모습을 이루고 있습니다.

"그에게 딸 넷이 있으니 처녀로 예언하는 자라"(사도행전 21:9)

빌립에게 결혼하지 않은 딸 넷이 있는데 모두 예언을 한다고 합니다. 이 말은 그들의 신앙이 그냥 이름만의 신앙이 아니라는 것을 말합니다. 빌립은 자녀들에게 참 신앙인의 모습을 보였습니다.

"라오디게아에 있는 형제들과 눔바와 그 여자의 집에 있는 교회에 문안하고"(골로새서 4:15)

눔바라는 여인은 잘 알려진 바는 없지만 한 가지 분명한 것은 그가 자신의 집을 교회로 내놓고 있었다는 것입니다. 바울은 골로새 지방에 간 적이 없습니다. 바울을 통해서 예수를 믿었던 에바브라가 골로새 교회를 세웠고 골로새 교회 사역을 했습니다. 그런데 골로새 교회에 보내는 편지 가운데 그 교회에 있는 눔바가 자기 집을 교회로 쓸 수 있도록 헌신한 모습을 보여줍니다.

동일한 골로새 지방에 빌레몬이 있었습니다. 이 빌레몬은 골로새 사람입니다. 그런데 바울이 감옥에 있을 때 감옥에 들어온 오네시모를 전도해서 보니 그의 옛 주인이 빌레몬인 것을 알고 빌레몬에게 보낼 때 편지를 써줍니다. 그 내용이 빌레몬서입니다. 빌레몬서 서두에 이렇게 기록되어 있습니다.

'동역자인 빌레몬과 자매 압비아와 우리와 함께 병사된 아킵보와' 여기 압비아는 빌레몬의 아내이고 아킵보는 빌레몬의 아들입니다. 온 집안이 경건한 생활을 하고 있다는 것을 보여줍니다.

믿음의 시작, 가정

예루살렘 교회에 수많은 오이코스 교회들이 있는 것처럼 각 교회마다 여러 개의 믿음의 가정이 있습니다. 우리가 예수 믿는 사람으로서 본분과 정체성을 분명하게 드러내야 할 곳은 가정입니다. 가정과 직장 그리고 인간관계의 모든 현장에서 그리스도인은 정직하고 신실해야 합니다.

그런데 오늘날 믿는 자들은 영적인 힘을 잃었습니다. 한국 교회는 영적으로 큰 영향력을 발휘하지 못합니다. 바로 교회 안에서는 신앙이 좋게 보이는데, 삶의 현장에 가면 그리스도인으로서의 정체성을 확실히 드러내지 못하고 있습니다.

교회에 와서 예배드릴 때는 모두 신실하게 보입니다. 그런데 가정 내에서 그리고 직장에서 생활할 때는 전혀 다른 모습을 보입니다. 그리스도인의 본분을 잃고, 은근

슬쩍 거짓말을 하기도 하고 성경에 등장하는 인물들과는 다른 모습으로 살아가고 있습니다. 우리는 주변의 환경이 어떠하든 간에 우리의 믿음을 확실하게 보여줄 수 있는 그리스도인으로 살아가야 합니다.

우리 자녀들이 예수 믿는 부모의 신앙을 보고, 혹여나 교회에 반감을 갖지는 않는지 깊이 생각해 봐야 합니다. 명목상 그리스도인의 자녀들은 신앙생활을 거의 하지 않는 경우가 매우 많습니다. 예수를 불신하는 자녀들은 믿지 않는 이유를 이렇게 말합니다. '저는 우리 아빠, 엄마처럼 되기 싫어요.' 그리스도인들의 가정은 성경에 등장하는 믿음의 선배들처럼 아름다운 신앙의 원형의 모습이 회복되어야 합니다. 신앙의 터전은 가정입니다.

한 주의 첫날인 주일에 주님 앞에 나와 예배드리고, 우리가 영적인 충만함을 얻어 영적인 힘으로 우리의 가정과 직장, 삶의 현장에서 예수 믿는 사람들이 어떻게 살아가는지 분명하게 보여줄 때 세상은 바뀌게 될 것입니다.

사회적 관계의 존재인 우리는 인간관계, 친구, 동료, 조금 더 나아가면 모든 국제 관계가 모두 가정에서 배운 그대로 드러납니다. 그런데 가정에서 제대로 배우지 못하게 되니 큰 문제가 발생하게 됩니다. 우리 삶의 터전은 가정이며, 교회보다 훨씬 더 많은 삶의 모습을 배우고 가르쳐야 할 곳입니다.

우리가 다니고 있는 직장 내에 우리 까닭에 예수를 믿고 경건하게 변화되는 역사가 있어야 합니다. 예수를 믿지 않는 직원과 예수를 믿는 우리들의 차이가 분명히 드러나야 합니다. 사도행전 28장 가운데 오이코스라는 단어는 무려 52번이나 등장합니다. 예배와 성전, 교회라는 단어보다 가정을 더 말하고 있습니다. 이제 우리의 가정은 영적으로 얼마나 건강한지 돌아보아야 합니다.

예배당에서 드러난 모습도 중요하지만, 우리의 삶의 토대인 가정이 경건하고 거룩하게 되어야 온전한 신앙인의 모습을 가지고 세상에 선한 영향력을 발휘할 수 있습니다. 그리스도인들은 이렇게 살아가야 합니다.

왜 가정인가?

"마가라 하는 요한의 어머니 마리아의 집에 가니 여러 사람이 거기에 모여 기도하고 있더라"(사도행전 12:12)

마가는 예수님이 잡히시던 밤에 베 홑이불을 걸치고 있다가 알몸으로 도망갔습니다. 마가는 어려운 일만 있으면 도망가는 사람이었습니다. 그런데 정말 중요한 것이 있습니다. 바로 자신의 다락방을 예루살렘 교회가 태동되는 곳으로 기꺼이 내어놓았다는 것입니다.

사도행전 16장에 보면 빌립보의 간수 이야기가 나옵니다. 바울과 실라가 감옥에 갇혔을 때 그들이 기도하고 찬송하는데 옥문이 열렸습니다. 간수는 죄수들이 도망한 줄 알고 자결하려고 할 때 바울이 그를 안심시키며 그렇게 하지 말라고 합니다. 그때 간수가 우리가 어떻게 해야 구원을 얻겠냐고 묻습니다. 이에 바울은 "주 예수를 믿으라 그리하면 너와 네 집이 구원을 받으리라"라고 합니다. 그리고 간수와 그 집이 다 침례(세례)를 받습니다.

한 사람 까닭에 가족들 모두가 예수를 믿고 침례(세례)를 받았습니다. 빌립보 교회가 간수의 집에서 태동했습니다. 이것이 오이코스입니다. 이 경건한 집에 하나님의 놀라운 역사가 함께했습니다. 예수님께서는 두세 사람이 내 이름으로 모인 곳에 나도 그들 중에 함께하겠다고 말씀하셨습니다.

소수라도 여러 사람이 함께 모여 기도하는 것이 정말 중요합니다. 주님의 이름으로 모인 곳에는 주님께서 그들의 기도를 응답하여 주십니다. 그곳이 바로 기도의 능력이 나타나는 오이코스입니다.

우리가 예수 믿는 사람의 정체를 드러내야 할 곳은 모든 사람들이 함께 예배드리는 예배당 안이 아닙니다. 바로 각자의 삶의 현장에서 찬양과 말씀으로 세워진 신령한 모임의 공동체입니다. 이 오이코스를 통해서 수많은 역사가 일어났습니다.

"그들이 날마다 성전에 있든지 집에 있든지 예수는 그리스도라고 가르치기와 전도하기를 그치지 아니하니라"(사도행전 5:42)

사도행전에서도 교회보다 가정을 훨씬 더 강조하고 있습니다. 이처럼 우리를 통해 우리의 가족, 친구, 친척들이 경건한 삶으로 바뀌어지는 역사가 있어야 합니다.

사람들이 교회에 다니게 된 동기에 대해서 설문 조사를 했습니다. 특별한 요구 때문에 1-2%, 자발적으로 2-3%,

목사가 좋아서 5-6%, 방문 전도를 통해서 1-2%, 주일 학교가 좋기 때문에 4-5%, 친구와 친척의 권유에 의해서 75-90%입니다.

이런 통계를 볼 때 끈끈한 친구와 가족 관계가 그만큼 중요하다는 것입니다. 한국 교회 또한 마찬가지입니다. 한국 교회의 예배 공동체에 있는 많은 성도들은 이런 놀라운 오이코스의 사역을 충실히 감당해야 합니다.

그리스도인은 예배당과 보여지는 곳에서만 신실함을 보여서는 안 됩니다. 사랑하는 가족들과 함께 있을 때, 그리고 나의 직장과 내가 소속된 모든 곳에서 오이코스의 사역을 잘 감당해야 합니다. 그리하여 나 하나 까닭에 내 가족이 변화되고, 내 가정이 하나님을 경외하는 가정이 되어서 하나님께 영광을 돌리고, 하나님께서 우리에게 맡겨주신 책임을 잘 감당하고 사명을 완수하는 신실한 그리스도인이 되길 간절히 소망합니다.

PART 06
성경이 이야기하는 교회의 동력

06

성경이 이야기하는 교회의 동력

사도행전 13:2-3

"주를 섬겨 금식할 때에 성령이 이르시되 내가 불러 시키는 일을 위하여 바나바와 사울을 따로 세우라 하시니 이에 금식하며 기도하고 두 사람에게 안수하여 보내니라"(사도행전 13:2-3)

구약 성경의 핵심은 무엇일까요? 바로 구원자로 오실

메시아입니다. 그렇다면 신약 성경의 핵심은 무엇일까요? 다시 오실 예수 그리스도입니다. 이렇게 본다면 창세기부터 요한계시록까지는 모두 예수 그리스도를 중심으로 기록된 말씀이라고 할 수 있습니다.

성경의 핵심 예수 그리스도

성경은 수많은 인물들의 이야기와 역사를 다루고 있습니다. 그들 가운데 우리가 본받아야 할 인물도 많습니다. 하지만 우리가 기억해야 할 것은 성경 속에 등장하는 인물들이 아니라, 그들을 통해 보여주신 예수 그리스도입니다.

가인과 아벨의 사건, 노아의 홍수와 방주 이야기, 아브라함의 소명과 가나안의 흉년, 애굽으로의 도피, 조카 롯과의 분가, 하갈을 취하여 얻은 첩의 소생 이스마엘, 백 세에 낳은 아들 이삭, 눈에 넣어도 아깝지 않을 이삭을 모리아산에서 제물로 드려야만 하는 사건, 그 이후 이삭의 결혼과 인생, 야곱이 형 에서의 낯을 피하여 외갓집으로 도망하여 외삼촌의 딸들과 결혼하여 이스라엘 열두 지파의 자녀들이 태어나는 이야기, 이십 년 만의 귀환길에서 겪는 얍복강 나루터의 기도 사건, 에서와 야곱의 상봉 이야기, 야곱의 아들 가운데 사랑하는 아내 라헬로부터 얻은 열한 번째 아들 요셉의 이야기 그리고 요셉의 드라마 같은 이야기가 창세기에 수놓아져 있습니다.

야곱의 열두 형제 가운데 요셉은 부모의 사랑을 가장 크게 받았습니다. 그 결과 형제들에게는 미움을 받아 결국 형들에 의해 노예로 팔려 애굽의 시위 대장 보디발의 집에서 살다가 누명을 쓰고 억울한 옥살이하는 죄수의 몸이 됩니다. 그러나 옥살이하는 중에 꿈 해몽을 통해서 극적으로 애굽의 총리가 되는 인생 대역전 드라마를 만들어 냅니다. 요셉은 죽음의 마지막 순간까지 본향 가나안을 그리워하면서 그의 후손들에게 "너희가 이 땅을 떠날 때에 하나님께서 반드시 우리 자손들을 돌아볼 터인데, 떠날 때 내 해골을 이곳에 두지 말고 가나안 땅으로 가지고 가라"(창 50:24-25)라는 유언을 남깁니다.

이스라엘 백성들의 사백 년간 비참했던 노예 생활, 그들을 가나안으로 인도하기 위해 하나님께서 보내신 모세의 출생과 유아 시절의 색다른 삶의 체험, 바로의 왕궁에서의 생활을 애굽 사람을 쳐 죽임으로 끝내고, 광야에 가서 장인 이드로의 양무리를 치다가 호렙산 기슭에서 떨기나무 불꽃 가운데서의 하나님의 부르심, 하나님의 부르심을 받을 때까지의 기나긴 세월, 그리고 나이 팔십 세에 하나님의 부름을 받고 이스라엘 백성들을 구출하기 위하여 영도자가 되어 사백 년 동안 종살이하던 그 이스라엘 백성들을 인도해 내는 구원의 드라마, 그리고 사십 년 광야 생활 끝에 가나안 땅에 들어가지 못한 채 이방인의 땅인 모압의 느보산 꼭대기에서 하나님의 부르심을 받고 떠난 모세의 이야기가 얼마나 대단한지 모릅니다. 그러나 성경의 주인공은 모세가 아니라, 그 모세를 통하여 보여주시는 예수 그리스도입니다.

세속사의 인물과 성경 속 인물은 확연한 차이가 있습니다. 세속사의 위인들은 역경을 탈출하여 위대한 승리를 만든 사람들입니다. 또한 보통 사람이 정복하지 못한 땅을 정복하거나, 질병을 이겨낸 투병의 이야기, 연구의 업적 결과로 세상 사람들을 깜짝 놀라게 하는 큰 상을 받은 사람들의 이야기는 자신들의 노력과 그들의 인품, 능력, 공로가 드러납니다. 그러나 성경 속 인물들은 자신을 드러내는 것이 아니라, 자신을 통해 예수 그리스도를 나타내고 예수 그리스도를 보여줍니다.

　세상의 위대한 인물들은 예수님을 나타내지 않지만, 성경에 등장하는 사람들 모두는 예수님을 나타냅니다. 그렇기 때문에 신앙적인 사고와 그들의 언어 그리고 행동 하나하나를 깨닫고 익히는 것은 신앙생활에 매우 중요합니다. 성경 속의 인물들은 비록 자신에게 해롭고 곤경에 처하는 일이라도 하나님의 영광과 예수 그리스도를 나타내는 일이라면 기꺼이 그 길을 걸어갔기 때문입니다.

여호수아를 통해 예수 그리스도를 바라보아야 합니다. 사사들과 유다의 역대 왕들을 통해 그들의 위대함을 넘어서 그들의 위대함을 통하여 보여주시는 예수 그리스도를 볼 수 있어야 합니다. 또 예언하며 하나님의 역사를 이루었던 선지자들을 통해서 보여주시고 깨우쳐주시는 예수 그리스도를 바로 믿고, 알고, 배워야 합니다. 이것이 신앙인들이 가져야 할 올바른 태도입니다.

성경의 인물들이 겪은 고난 가운데 그들이 보여주는 하나님을 향한 신앙의 마음, 시편 기자들의 인생, 희로애락의 시와 산문들, 솔로몬의 지혜로운 속담과 격언이 증언하는 그 모든 것은 예수 그리스도입니다. 전도서에서 깊이 깨우쳐주는 것은 인생의 허무함이 아닙니다. 오히려 인생철학 속에 인생을 직접 운행하시고 통치하시고 다스리시는 주님을 볼 수 있어야 합니다.

아가서가 보여주는 인생 최대의 사랑 이야기를 통해서 예수 그리스도의 위대한 사랑을 깨달을 수 있어야 합니다. 이외에도 구약의 수많은 선지자들이 보여주는 것은 그들의 위대함이 아니라 한결같이 예수님이 누구신가를 보여줍니다.

요한복음의 핵심은 예수 그리스도의 행적과 말씀, 가르침, 교훈, 기적, 사역 등입니다. 특히 신약 성경 사복음서는 예수님의 출생부터 승천까지의 모든 것들을 기록하고 있습니다. 성경은 모두 예수 그리스도를 강조합니다.

성경 속에 기록된 일들을 읽고 가슴 깊이 새기며 기억해야 하는 것은 하나님이 사용하신 인물들이 아닙니다. 오직 구원자이신 예수 그리스도가 우리의 가슴속 깊이 남아야 합니다. 이스라엘 역사와 역대 왕들과 선지자들 그리고 제사장들의 업적을 세세히 아는 것도 중요한 일이지만, 그들을 통하여 보여주시는 예수님을 우리 안에 모시지 못한다면 우리는 또 헛된 공부를 하는 것이 됩니다. 내 안에 예수 그리스도가 없다면 헛된 일을 하고 있는 것입니다.

"나는 팔일 만에 할례를 받고 이스라엘 족속이요 베냐민의 지파요 히브리인 중의 히브리인이요 율법으로는 바리새인이요 열심으로는 교회를 박해하고 율법의 의로는 흠이 없는 자라 그러나 무엇이든지 내게 유익하던 것을 내가 그리스도를 위하여 다 해로 여길뿐더러 또한 모든 것을 해로 여김은 내 주 그리스도 예수를 아는 지식이 가장 고상하기 때문이라"(빌립보서 3:5-8)

이것은 모두 바울이 자랑하는 것들입니다. 당시 사도 바울은 유대 랍비이자 학자로서 유대인 거짓 교사들이 가진 모든 것보다 훨씬 더 뛰어난 것들을 가지고 있었습니다. 그런데 바울은 이 모든 것을 배설물로 여겼습니다. 옛날 성경에는 똥같이 버렸다고 기록되어 있습니다.

"내가 그리스도와 그 부활의 권능과 그 고난에 참여함을 알고자 하여 그의 죽으심을 본받아 어떻게 해서든지 죽은 자 가운데서 부활에 이르려 하노니 내가 이미 얻었다 함도 아니요 온전히 이루었다 함도 아니라 오직 내가 그리스도 예수께 잡힌 바 된 그것을 잡으려고 달려가노라"(빌립보서 3:10-12)

바울은 이렇게 말합니다. 인생사 모든 것이 백문 일답! 오직 예수 그리스도! 우리는 예수 그리스도로 충만한 신앙인이 되어야 합니다.

성령으로 사역하신 예수

예수님의 전 생애에서 가장 두드러진 특징은 성령으로 잉태되었다는 것입니다. 아담 이후로 역사했던 모든 사람은 다 남자와 여자 사이에서 태어났습니다. 그런데 유일하게 예수 그리스도만 성령으로 잉태되었습니다. 성령으로 잉태되어야 죄 없는 구원자로서 우리를 구원할 수 있기 때문입니다. 이것을 믿는 것이 신앙입니다.

> "예수 그리스도의 나심은 이러하니라 그의 어머니 마리아가 요셉과 약혼하고 동거하기 전에 성령으로 잉태된 것이 나타났더니"(마태복음 1:18)

이 말에 동의가 되지 않는다면 교회 멤버십은 가지고 있지만 천국 시민권은 없는 것입니다. 예수님께서 침례(세례)를 받으시고 물에서 올라오실 때 '하늘이 열리고 성령이 비둘기같이 임하셨다고' 합니다. 성령을 받은 후 구원자로서 공적 사역을 시작하게 됩니다. 그리고 마귀의 시험을 받습니다.

> "그 때에 예수께서 성령에게 이끌리어 마귀에게 시험을 받으러 광야로 가사"(마태복음 4:1)

예수께서 성령에게 이끌려 마귀에게 시험을 받으러 광야로 가셨습니다. 성령에게 이끌려 가셨습니다. 또 예수님은 성령으로 기뻐하셨습니다. 예수님의 전 생애가 성령 없는 생이 없으셨습니다. 성경은 이렇게 말합니다.

> "그 때에 예수께서 성령으로 기뻐하시며 이르시되 '천지의 주재이신 아버지여 이것을 지혜롭고 슬기 있는 자들에게는 숨기시고 어린 아이들에게는 나타내심을 감사하나이다 옳소이다 이렇게 된 것이 아버지의 뜻이니이다'"(누가복음 10:21)

우리가 예수님을 닮는다는 것은 예수님의 사고와 언어, 행동을 닮는 것을 말합니다. 예수님께서 이 땅에 계실 때 언어와 생각, 행동 모두 성령의 인도함을 받으셨다면 예수님을 닮는 삶이란 곧 성령의 역사로 성령의 인도하심과 성령의 지배로 살아가는 것입니다. 그것이 바로 예닮삶입니다.

성령 행전

사도행전은 초대 교회 탄생과 교회의 생활, 전도, 선교의 역사를 기록한 신약의 역사서입니다. 사도행전을 다른 말로 '성령 행전'이라고 합니다. 그렇기에 성령이 없는 사도행전은 생각할 수 없습니다. 예수님께서 성령으로 제자들에게 명하사 예루살렘을 떠나지 말고 성령이 오실 때까지 이곳에 유하라고 하셨습니다. 그 후에 성령이 임하면 너희가 권능을 받고 땅끝까지 이르러 증인이 된다고 하셨습니다.

보통의 그리스도인들은 '일단 예배당에 나왔으니까 예배당 회원은 되었어. 회원이 되었으니 착하게 살고, 베풀고 섬기면 되지'라고 생각합니다. 하지만 내 안에 성령의 역사로 이루어지는 것이 아니면 내가 하는 모든 것들은 다 허사입니다. 성령의 도움 없이 내 힘으로 한 모든 것은 인간적인 노력의 산물일 뿐입니다.

예수 믿지 않는 사람들 중에 우리보다 더 많이 나누고 선한 일을 더 많이 하는 사람들이 있습니다. 그 사람들이 더 위대하기 때문에 당연히 천국 가야 하지 않나 생각하지만, 천국은 인간 선행의 노력으로 갈 수 있는 곳이 아닙니다. 예수 그리스도를 구주와 주님으로 영접하고 성령의 능력을 따라 살아가는 사람만이 천국에 갈 수 있고, 이런 사람이 진정한 그리스도인입니다.

초대 교회 사역의 동력

초대 교회 사역의 동력은 성령의 능력과 지혜였습니다. 그렇다면 우리도 성령의 능력과 지혜와 도움으로 살아야 합니다. 세상에는 우리보다 더 선하게 살아가는 사람들이 많이 있습니다. 그러면 그 사람들은 더 큰 복을 받앉을까요? 간혹 '그 사람이 예수 믿고 아들이 잘됐다.'라고 말하는 경우가 있습니다. 그러나 이제 우리의 언어는 달라야 합니다. 성령의 능력으로 복음을 전하여 영혼을 구원하고, 이웃을 돕고 섬기고, 물질을 나누며 베푸는 삶이야말로 복된 삶이라고 해야 합니다.

"오순절 날이 이미 이르매 그들은 다같이 한 곳에 모였더니 홀연히 하늘로부터 급하고 강한 바람 같은 소리가 그들이 앉은 온 집에 가득하며 마치 불의 혀처럼 갈라지는 것들이 그들에게 보여 각 사람 위에 하나씩 임하여 있더니 그들이 다 성령의 충만함을 받고 성령이 말하게 하심을 따라 다른 언어들로 말하기를 시작하니라 그 때에 경건한 유대인이 천하 각국으로부터 와서 예루살렘에 머물러 있더니"(사도행전 2:1-5)

오순절 날에 성령이 강림하자 그들은 성령 충만했습니

다. 성령이 말하게 하심을 따라 그들의 언어가 달라지고 성령의 소동의 역사가 일어났습니다. 그들은 예수님의 부활을 이야기하기 시작했습니다. 성령으로 자녀들이 예언하고 청년들이 환상을 보고 늙은이가 꿈을 꾸게 되는 기사와 징조와 표적이 성령의 능력으로 나타났습니다.

성령이 충만한 베드로가 한 번 설교할 때 삼천 명, 오천 명이 예수를 믿고 돌아왔습니다. 성령의 역사로 초대 교회 성도들이 아름답고 복된 삶을 누리기 시작했습니다. 배우고 싶은 열망이 능동적으로 생겨 사도들의 가르침을 받았습니다. 떡을 떼고 교제하고 기도에 힘썼습니다. 거룩한 두려움이 있었고, 기사와 표적이 그들 가운데 나타났습니다. 아낌없는 나눔과 섬김이 있었습니다. 모이기를 힘쓰며 찬미하고 찬양했습니다. 기쁨과 즐거움으로 충만했습니다. 온 백성에게 칭송을 받아 믿는 자의 수가 날마다 더해 갔습니다.

사도행전 3장에 보면, 성령 충만한 베드로가 기도 시간에 성전에 올라가다가 날 때부터 앉은뱅이 된 사람을 만납니다. '네가 구하는 은과 금은 내게 없지만 내게 있는 것으로 네게 주노니 곧 나사렛 예수 그리스도의 이름으로 일어나 걸으라(행 3:6)' 하니 그가 일어나 뛰기도 하며 걷기도 하고 성전에 들어가며 하나님을 찬양했다고 성경은 기록합니다. 이것이 성령의 역사입니다.

사도행전 4장에 보면, 사도들이 큰 박해를 받고 공회 앞에 끌려갑니다. 그럼에도 불구하고 베드로와 사도들은 담대히 이야기합니다.

> "베드로와 요한이 대답하여 이르되 하나님 앞에서 너희의 말을 듣는 것이 하나님의 말씀 듣는 것보다 옳은가 판단하라 우리는 보고 들은 것을 말하지 아니할 수 없다 하니"(사도행전 4:19-20)

공회원들은 그들이 기탄없이 말함을 보고 본래 학문 없는 저 사람들이 어떻게 저렇게 말을 잘하는가 이상히 여겼습니다. 그때부터 예수 믿는 사람들은 말쟁이로 평가되었습니다. 그런데 그들이 예수 그리스도의 이름을 위하여 능력 받는 일에 합당한 자로 여김을 받은 것을 아주 기뻐하면서 공회 앞을 떠나갔다고 합니다.

사도행전 5장에는 성령을 속인 아나니아와 삽비라가 죽게 되는 이야기가 나옵니다. 6장에는 성령과 지혜가 충만한 사람이 일곱 집사로 뽑히는 이야기가 나오며, 7장에는 일곱 집사 가운데 스데반이 말씀을 선포하고 유대인에게 순교 당하는 이야기가 나옵니다. 8장에는 빌립 집사가 사마리아에 가서 복음을 전하는 이여기가 나옵니다. 9장에는 사울의 박해 이야기가 나오며, 13장에는 국내 선교부 이야기가 나옵니다.

예수 믿는 일은 굉장히 영광스러운 일이지만 예수 믿는 것으로 인해서 핍박과 박해가 항상 따라옵니다. 그래서 예수를 믿으려면 박해받을 각오를 해야 합니다. 또 복음을 위해서 고난받고 가난하게 살아갈 각오를 해야 합니다.

오늘날 대한민국과 한국 교회에 가장 필요한 것은 성령입니다. 우리 시대는 18세기 부패한 영국 사회 및 영국 교회와 크게 다를 바가 없습니다. 교회의 부흥은 사라지고 권력자들은 사치와 향락으로 부패하고 일반 시민들은 진광풍(Gin Craze)에 빠져 술이 없으면 살 수 없고 음란과 폭력이 만무하여 죄에 대한 두려움과 저항력을 완전히 상실하여 나라 전체가 죄악으로 무너져 갈 때 성령의 사람, 영국의 복음 전도자 조지 윗필드(George Whitefield, 1714-1770)가 일어나 타락한 영국 사회와 교회를 구원하는 혁명적인 사역을 감당하였습니다.

오늘날 한국 교회에 가장 심각한 것이 무엇입니까? 성령의 능력을 힘입지 않고 사역하는 목회자와 성령 없이 진행되는 수많은 사역들과 일들이 큰 문제입니다.

이제 우리는 모두 초대 교회 성도들처럼 성령 충만을

받기 위해 사력을 다해 지속적으로 기도해야 합니다. 사도행전에 나온 성령의 이끄심을 본받아 내가 다니는 직장과 우리 교회, 우리 가정에 늘 성령의 역사가 충만히 임하여 우리의 일거수일투족이 성령에 따라 움직여지는 삶이 되길 간절히 소망합니다.

PART 07
성경이 이야기하는 안디옥 교회

07

성경이 이야기하는 안디옥 교회

사도행전 13:1-3

"국내 선교부에 선지자들과 교사들이 있으니 곧 바나바와 니게르라 하는 시므온과 구레네 사람 루기오와 분봉 왕 헤롯의 젖동생 마나엔과 및 사울이라 주를 섬겨 금식할 때에 성령이 이르시되 내가 불러 시키는 일을 위하여 바나바와 사울을 따로 세우라 하시니 이에 금식하며 기도하고 두 사람에게 안수하여 보내니라"(사도행전 13:1-3)

초대 교회는 교회사에 가장 찬란하게 빛나는 교회, 거룩한 향기를 마음껏 발휘하는 교회, 문자 그대로 폭발적인 성장을 이룬 교회, 신앙의 모범과 인격적인 삶의 하모니를 보여준 가장 이상적인 교회였습니다.

오늘날 교회를 개혁하고자 하는 사람마다 초대 교회를 꿈꿉니다. 교회의 성장에 관한 세미나와 학술대회에서도 초대 교회로 돌아가자며 초대 교회 정신을 부르짖습니다. 그래서 흔히 '초대 교회로 돌아가자'라고 하면 많은 사람들이 모범적인 모델로 예루살렘 교회를 생각합니다.

예루살렘 교회

역사상 예루살렘 교회만큼 강력한 성령의 역사를 경험한 교회가 없었습니다. 예루살렘 교회 공동체 모두는 성령 충만하여 성령이 말하게 하심을 따라 말하고 행동하던 교회였습니다. 어떤 형용사를 붙여 표현한다고 해도 부족할 만큼 예루살렘 교회는 정말 탁월한 교회였습니다.

　예루살렘 교회 담임 목사라고 할 수 있는 베드로가 성령 충만하여 설교할 때 한 번의 설교에 수천 명이 회개하는 역사가 일어났습니다. 이렇듯 수적, 양적 성장에 있어서 그 어떤 교회와도 견줄 수 없는 폭발적인 성장을 한 교회가 바로 예루살렘 교회였습니다. 모이기를 힘쓰며 기도에 전념하고 또한 교회 공동체를 돌보는 많은 사람들이 아낌없이 헌신하는 모습은 우리의 롤모델이 될 만한 경외심을 감출 수 없던 교회였습니다.

　예루살렘 교회는 예수 그리스도의 대속적인 죽으심과 부활의 영원한 복음 메시지를 전했습니다. 그들은 배움과 가르침에도 능동적이며 적극적이었습니다. 누군가의 가르침이 있기 때문에 배웠던 것이 아니라, 순전히 배우고 싶은 진리의 말씀에 목마른 영적 욕망으로 인한 것이었습니다. 또한 그들은 기적과 표적을 일상으로 삼았던 성령이 강하게 역사하는 경건한 예배 공동체였으며 개인의 필요에 따라 집과 재산을 팔아 베풀던 경제 공동체였습니다.

초대 예루살렘 교회는 지나온 교회사에서뿐만 아니라 미래의 교회사에서도 쉽게 찾아볼 수 없을 만큼 좋은 교회였을 것이지만 그 예루살렘 교회에도 아주 근본적인 몇 가지 문제가 있었습니다. 교회가 성령 충만한 사람들의 모임이라 할지라도 교회 내에는 때때로 아픔이 있을 수 있습니다. 구원받은 하나님의 자녀로서의 신분은 확실하지만 아직은 육체 가운데 있는 연약한 사람들의 공동체이기 때문입니다.

이처럼 교회는 육신의 한계 속에 있는 인간적인 나약성, 인간의 죄성, 시기와 질투, 미움과 증오, 비교와 경쟁으로 인한 갈등, 열등감, 우월감, 그리고 남들에게 피해 의식을 주고 피해 의식을 갖고 살아가는 공동체입니다. 그렇기 때문에 이 세상엔 문제없는 교회는 없습니다.

예루살렘 교회의 문제

당시 예루살렘 교회에는 이스라엘의 정통 유대인으로부터 박해가 있었고 로마 정부로부터 핍박과 학대로 인한 아픔이 있었습니다. 그리고 히브리파 과부(예루살렘을 떠나지 않고 과부가 된 사람들)들과 헬라파 과부(팔레스타인을 떠나 해외에 나갔다가 과부가 되어서 돌아와 예루살렘에 함께 있는 사람들)들 사이에 갈등이 있었습니다.

교회에서 계속 살아왔던 히브리파 과부들에게는 구제를 많이 하고 헬라파 과부들에게는 구제를 적게 나누어주는 차별의 문제로 이것이 교회 내의 큰 문제로 드러나게 되었습니다. 공정하지 못한 나눔과 섬김이 교회 내의 문제로 발현된 것입니다.

"그러므로 너희는 가서 모든 민족을 제자로 삼아 아버지와 아들과 성령의 이름으로 침례(세례)를 베풀고 내가 너희에게 분부한 모든 것을 가르쳐 지키게 하라 볼지어다 내가 세상 끝날까지 너희와 항상 함께 있으리라 하시니라"(마태복음 28:19-20)

주님이 명하신 지상 명령은 오직 성령이 임하시면 권능을 받고 예루살렘과 온 유대와 사마리아와 땅끝까지 이르러 복음을 전하는 증인의 삶을 살아가는 것입니다. 그런데 예루살렘 교회는 온 천하에 다니지 않았고 만민에게 복음을 전하지 않았습니다. 그들은 예루살렘 안에 있는 사람들에게만 복음을 전하고 그 안에만 머물렀습니다.

초대 예루살렘 교회는 기쁨의 공동체로 찬양과 기도와 간증이 넘쳐나는 교회였고, 기사와 표적으로 많은 사람들에게 놀라운 감동을 주었지만 교회를 벗어나지 못함으로 인해 주님의 지상 명령에 불순종했습니다. 그들은 어쩌면 공동체 내에서만 안주하여 서로의 필요를 나누는 즐거움에 취해 주님의 지상 명령을 잊고 살았는지 모르겠습니다.

예루살렘 교회는 땅끝까지 복음을 전하라는 하나님의 명령에 순종하지 않았습니다. 그러나 하나님은 교회가 복음 증거하는 일을 하지 않는다고 그냥 계시는 분이 아닙니다. 하나님은 인간을 죄와 죽음 그리고 사탄의 권세에서 구원하는 사역을 쉼 없이 하시는 분이십니다. 교회가 복음을 전하러 가지 않으면 전하러 가도록 만드십니다.

하나님은 예루살렘 교회에 박해를 통한 핍박을 주셨습니다. 최초의 일곱 집사 중 하나인 스데반이 성령 충만함을 입어 말씀을 전할 때 유대교인들이 마음에 찔림을 받아 스데반 집사에게 돌을 던져 죽게 합니다. 그로 인해 스데반 집사가 순교 당하고 예루살렘 교회에 큰 박해가 임했습니다.

복음을 전하는 국내 선교부

당시 박해를 피하여 흩어져 도망간 사람들이 가는 곳

곳마다 교회를 세우는데 그중의 한 교회가 국내 선교부였습니다. 국내 선교부는 처음에는 유대인에게만 복음을 전하였지만 나중에 베니게와 구부르에 있는 사람들이 이방인에게도 복음을 전했습니다. 그로 인해 국내 선교부는 유대인과 이방인이 함께 하나 된 교회로 성장하였습니다.

당시 유대인들은 이방인을 개 취급했지만 국내 선교부는 이방인들도 마땅히 하나님의 형상대로 지음 받은 구원받을 자임을 인식하고 복음을 전하여 수많은 사람을 구원했습니다.

"그 중에 구브르와 구레네 몇 사람이 안디옥에 이르러 헬라인에게도 말하여 주 예수를 전파하니 주의 손이 그들과 함께 하시매 수많은 사람들이 믿고 주께 돌아오더라"(사도행전 11:20-21)

국내 선교부는 수많은 사람이 큰 집단을 이루어 함께 예배하며 복음을 전파했습니다. 교회의 참된 부흥은 어떤 행사나 수단으로 이루어지는 것이 아닙니다. 오늘날 한국 교회 강단에서 회복되어야 할 최우선 순위는 예수 그리스도의 복음입니다.

어느 날부터 한국 교회는 복음의 메시지는 사라지고 윤리와 도덕을 강조하기 시작했습니다. 그러나 교회 강단의 생명은 복음에 있습니다. 예수 그리스도가 설교 속에 구체적으로 증거되어서 그분의 영원한 생명의 말씀이 교회 안에 가득해야 합니다. 그래서 십자가 복음, 사랑의 복음에 감동하여 교회와 세상을 섬기는 교회가 되어야 합니다.

영국의 철학자 알프레드 노스 화이트헤드(Alfred North Whitehead, 1861-1947) 박사는 당대 최고의 석학이었습니다. 어느 날 옥스포드가를 지나가는데 눈구덩이 속에서 도와달라고 하는 음성이 들립니다. '도와주세요. 살려주세요.' 그 목소리를 따라가 보니 연세 많은 할머니가 눈구덩이 속에 죽어가는 모습으로 있었습니다. 그런데 이 할머니가 갑자기 맑은 눈을 뜨면서 묻습니다. '예수님 믿으세요?' 화이트헤드 박사가 대답합니다. '글쎄요.' '글쎄요라니요. 그렇게 좋은 예수님을 아직도 모르세요? 만약 당신이 오지 않고 갔더라면 나는 잠시 뒤에 예수님을 만났을 텐데요.' 그 할머니의 얼굴은 마치 첫사랑에 빠진 소녀가 애인을 그리는 모습으로 얼굴에 홍조를 띠고 이야기하는 것 같았습니다.

그날 밤, 잠이 오지 않던 박사는 주일 예배당에 갔습니다. 그가 예배당에 나타나자 그 교회 목사님이 깜짝 놀랐습니다. 그렇게 유명한 박사가 교회에 왜 왔는지 신경을 쓰느라 목사님은 설교를 제대로 하지 못했습니다. 목사님은 다음 주일 설교를 열심히 준비하여 과학과 하나님의 질서에 대해 말했습니다. 그날 역시 화이트헤드 박사는 예배를 드렸습니다.

그리고 한 달이 지난 어느 날 화이트헤드 박사가 목사님 사택을 찾아 문을 두드렸습니다. '목사님 제가 이 교회에 정식으로 교인이 되고 싶은데 어떻게 해야 하나요?' 목사님은 드디어 한 달 동안 설교한 보람이 있구나 생각하며 이렇게 물었습니다. '박사님, 무슨 설교를 듣고 큰 감동을 받으셔서 교회에 등록하시려고 합니까?' 이 말을 들은 화이트헤드 박사가 목사님을 물끄러미 쳐다보며 말했습니다. '목사님, 과학자로서 제가 목사님의 설교를 들을 때 너무나 유치하고 창피함을 느꼈습니다. 제가 등록하고 싶은 것은 한 달 전 눈구덩이 속에서 만났던 어떤 할머니의 빛나는 눈빛과 예수님을 만나게 될 거라고 하는 확신감 넘치는 그 모습 때문입니다. 저도 진정으로 주님을 만나고 싶습니다.' 예수님에 대한 복음 증거가 없는 교회가 어떤 모습인지 적나라하게 보여주는 씁쓸한 장면입니다.

미국의 선교사 아도니람 저드슨(Adoniram Judson, 1788-1850)의 생애 전부는 하나님의 크신 역사를 증거하는 간증

거리로 가득 차 있습니다. 왕에게 끌려가서 죽을 뻔한 일, 정글과 늪을 지나면서 여러 번 죽을 뻔했던 일, 감옥에서 이질로 죽을 수밖에 없었을 때 하나님의 손길을 통해서 살아난 일, 말씀을 전하여 2,700명의 사람들이 예수님을 영접하여 개종한 사건 등 수많은 일들이 일어났습니다.

당시 미국은 거국적인 집회를 열었습니다. 첫날 저드슨 선교사의 설교 제목은 '나의 구세주인 예수 그리스도'였습니다. 온 청중들이 그의 설교에 큰 감동을 받았습니다. 두 번째 날 설교 제목은 '나의 주인 되신 예수 그리스도'였습니다. 세 번째 설교 제목은 '나의 부활 되신 예수 그리스도'였습니다.

사흘의 집회를 마치고 주최 측 목사님이 저드슨 선교사를 찾아가 물었습니다. '선교사님 우리가 잘 아는 그런 이야기 말고 미얀마에서 겪었던 생생한 간증 이야기를 들려주세요.' 그러자 저드슨 선교사가 이렇게 이야기합니다. '뭐라고요? 더 감동적인 이야기라니 그것이 무슨 말입니까? 예수 그리스도보다 더 감동적인 이야기가 이 세상에 어디 있습니까?' 마지막 네 번째 날 그는 '나의 영혼의 찬양 대상이 되시는 예수 그리스도'를 전했습니다.

그리스도인의 이름으로

"그 중에 구브로와 구레네 몇 사람이 안디옥에 이르러 헬라인에게도 말하여 주 예수를 전파하니 주의 손이 그들과 함께 하시매 수많은 사람들이 믿고 주께 돌아오더라 예루살렘 교회가 이 사람들의 소문을 듣고 바나바를 안디옥까지 보내니 그가 이르러 하나님의 은혜를 보고 기뻐하여 모든 사람에게 굳건한 마음으로 주와 함께 머물러 있으라 권하니 바나바는 착한 사람이요 성령과 믿음이 충만한 사람이라 이에 큰 무리가 주께 더하여지더라"(사도행전 11:20-24)

교회 안에 예수가 빠진다면 다른 일반 모임과 무슨 차이가 있을까요? 국내 선교부에 분명한 복음의 메시지가 있었던 것처럼 한국 교회 강단에도 예수 그리스도의 복음이 흥왕해야 합니다.

국내 선교부에는 영적인 좋은 지도자가 있었습니다. 바나바가 예루살렘 교회에 파송을 받고 국내 선교부를 맡아서 사역하게 되었습니다. 바나바는 예루살렘 교회에 흩어진 평신도들에 의해 교회가 세워지고 복음이 전파되어 수많은 사람이 주께 돌아오는 국내 선교부의 대부흥을 보았습니다.

바나바는 믿음과 성령이 충만한 착한 사람입니다. 사도행전 9장 26-30절에 보면 바나바는 회심하여 개종한 사울을 예루살렘 교회에 소개해 줍니다. 그런데 사울은 워낙 예수 믿는 사람을 박해하던 사람이었기 때문에 예루살렘 교회는 그를 의심했습니다. 도저히 교제가 이루어지지 않는 모습을 본 바나바는 사울을 그의 고향 다소로 보냅니다. 몇 년이 지나서 안디옥에 복음의 큰 역사가 일어나고, 바나바가 예루살렘 교회에서 안디옥으로 파송 받아 그곳에 갔을 때 다소로 보냈던 사울이 생각납니다.

바나바는 다소에서 사울을 데리고 와서 일 년 동안 국내 선교부에서 열심히 가르칩니다. 그리고 비로소 국내 선교부 교인들이 그리스도인이라는 이름을 얻게 됩니다. 사도행전 15장 25절 이하에 바울과 바나바를 묘사하는 장면이 자세히 소개되고 있습니다.

"사람을 택하여 우리 주 예수 그리스도의 이름을 위하여 생명을 아끼지 아니하는 자인 우리가 사랑하는 바나바와 바울과 함께 너희에게 보내기를 만장일치로 결정하였노라"(사도행전 15:25)

회의는 만장일치로 가결되었습니다. 교회가 바나바와

바울을 복음 증거자로 세워 파송하기로 결정한 동기는 이들이 예수 그리스도의 복음을 위해서는 생명도 아끼지 않는 사람으로 알려졌기 때문입니다.

"누가만 나와 함께 있느니라 네가 올 때에 마가를 데리고 오라 그가 나의 일에 유익하니라"(디모데후서 4:11)

단두대에서 사형을 눈앞에 두고 있는 사도 바울은 디모데에게 자신의 일에 유익한 마가를 데려오라고 합니다. 바나바와 바울의 제1차 전도 여행 때 마가를 수종자로 두었는데 마가는 밤빌리아 버가에서 언덕길이 위험하다고 도망갔습니다. 그럼에도 불구하고 바나바는 자신의 생질(甥姪)인 마가를 제2차 전도 여행에도 데려가자고 이야기하지만 바울은 어려움만 생기면 도망가는 사람이기 때문에 안 된다고 하였습니다. 그 일로 바나바와 바울이 심히 다투고 따로 사역의 길을 떠나게 됩니다. 그런데 그들은 다툴 사이가 아닙니다.

 바울을 처음 예루살렘 교회에 소개했던 사람이 바나바입니다. 그러나 교회에서 받아들여지지 않자 고향에 가 있으라고 했던 사람이 바로 바나바이며, 고향에 가 있는 그를 다시 불러 국내 선교부의 교사로 불러준 사람이 바나바였기 때문입니다. 최초의 선교 활동을 함께 갔던 바울과 바나바가 심히 다투고 헤어졌습니다. 그런데 바울은 그렇게 헤어졌던 그 마가를 자신의 일에 유익하다며 마지막 순간에 불러오라고 합니다.

 바울과 바나바가 갈라섰을 때 바나바가 마가를 데리고 고향 구브로로 갑니다. 그리고 그 이상의 기록이 없다가, 한참 후 다시 나타난 기록에서는 무익했던 마가가 유익한 사람으로 바뀌어 있습니다. 아무도 받아주지 않던 마가였지만 바나바는 그의 가능성을 보았습니다. 바울을 바울 되도록 세운 사람 또한 바나바였습니다. 이처럼 멋진 영적 지도자가 있는 교회는 참으로 복된 교회입니다.

"만나매 안디옥에 데리고 와서 둘이 교회에 일 년간 모여 있어 큰 무리를 가르쳤고 제자들이 안디옥에서 비로소 그리스도인이라 일컬음을 받게 되었더라"(사도행전 11:26)

나폴레옹 보나파르트(Napoléon Bonaparte, 1769년 8월 15일-1821년 5월 5일) 장군이 어느 날 군대 막사를 지나가는데 막사 안에서 나폴레옹을 욕하며 싸우는 소리가 들려옵니다. 나폴레옹이 욕하는 막사 안으로 들어가 자초지종을 들어보니 나폴레옹 장군을 욕한 것이 아니라 그 막사 안에 보나파르트라는 사람이 있는데 그 사람 때문에 매번 피해를 입는다는 내용이었습니다. 나폴레옹 장군이 보나파르트 군인을 데려가 이렇게 말합니다. '네 이름이 진짜 보나파르트라면 이름을 바꾸든지 아니면 보나파르트답게 살아라!'

교회사에 그리스도인이라는 이름으로 가장 먼저 호칭

받았던 교회는 국내 선교부였습니다. 우리가 천국에 가서 불릴 이름은 직분이 아닌 그리스도인입니다. 국내 선교부는 최초로 아름다운 그리스도인이라는 이름을 받았던 교회였습니다. 우리도 이렇게 살아야 하지 않을까요? 그리스도인의 이름에 합당하게 살았던 국내 선교부의 모습처럼 우리도 이 땅에서 그리스도인이라는 이름에 합당한 모습으로 살아가기를 간절히 소망합니다.

PART 08
성경이 이야기하는 빌립 집사

08

성경이 이야기하는 빌립 집사

사도행전 8:5-8

"빌립이 사마리아 성에 내려가 그리스도를 백성에게 전파하니 무리가 빌립의 말도 듣고 행하는 표적도 보고 한마음으로 그가 하는 말을 따르더라 많은 사람에게 붙었던 더러운 귀신들이 크게 소리를 지르며 나가고 또 많은 중풍병자와 못 걷는 사람이 나으니 그 성에 큰 기쁨이 있더라"(사도행전 8:5-8)

초대 교회는 갖가지 형용사를 붙여도 아깝지 않은 교회입니다. 성경 속에 나타난 최초의 교회, 교회사에 영롱하게 빛나는 처음 교회, 어느 교회나 꿈꾸는 건강하고 행복한 아름다운 교회, 모범적이고 가장 성경적인 교회의 표상이기도 합니다.

초대 교회에 일어난 역사는 하나님의 전적인 역사이고 성령 하나님의 역사였지만 하나님께서는 사람을 통하여 역사하셨습니다. 예루살렘 교회는 예수 그리스도의 부활과 승천을 직접 목도 했을 뿐만 아니라, 신령한 영적 체험을 간직한 사도들과 성도들이 함께 세운 교회입니다.

예루살렘 교회는 예수님께서 약속하신 성령을 기다리며 마가의 다락방에서 처음 시작되었습니다. 오순절 성령 강림으로 모두 성령 충만함을 받고, 언어와 인격과 삶이 송두리째 변화되어 주변 사람들에게 신선한 충격을 주었던 공동체였습니다. 영적 지도자인 베드로의 복음 메시지로 그리스도의 제자 수가 삼천 또 어떤 날에는 오천이 더해 가며 대형 교회를 이루었던 교회입니다.

예루살렘 교회는 말 그대로 역사를 만드는 교회였습니다. 능동적인 배움의 공동체로, 배우고 싶은 열망이 가득하여 사도들의 가르침을 받았던 교육 공동체였습니다. 또한 하나님을 경외함과 빈부귀천의 차별 없는 사랑으로 서로의 필요를 채워주는 유무상통한 공동체였습니다.

날마다 마음을 같이하여 성전에 모이기를 힘썼던 교회였고, 집에서는 떡을 떼며 기쁨과 순전한 마음으로 음식을 나누는 사랑의 교제가 가득했던 공동체였습니다. 또한 온 백성에게 칭송을 받으므로 날마다 믿는 자의 수가 더해져서 급성장하는 교회였습니다. 이렇듯이 초대 교회는 모범적인 교회의 모델, 건강한 교회, 가장 성경적인 교회의 모습을 우리에게 보여줍니다.

그러나 예루살렘 교회도 완벽한 교회는 아니었습니다. 사랑과 희생의 공동체로 역사에 가장 모범적인 교회였지만 약점과 부족함이 있었습니다.

"또 이르시되 너희는 온 천하에 다니며 만민에게 복음을 전파하라"(마가복음 16:15)

복음을 전하지 않음

예루살렘 교회는 사랑과 섬김이 있는 참 좋은 교회였지만 예루살렘 밖을 벗어나지 못하고 안에만 머무는 그들만의 공동체를 이루었습니다. 아무리 깨끗하고 맑은 물이라도 한 곳에 정체하여 있으면 상하고 부패하여 썩게 되어 있습니다. 예수님께서 모든 족속으로 제자를 삼아 만민에게 복음을 전하라고 하셨지만 그들은 온 천하에 다니지 않았고, 복음을 전하지 않았습니다.

교회 내에 끼리끼리 모이는 공동체라는 문제 외에 또 다른 문제가 있었습니다. 성도의 수가 늘어나면서 발생

한 나눔의 문제였습니다. 구제하는 일에 차별의 문제가 생기게 된 것인데, 교회 내에서 머물러 있던 히브리파 과부는 구제를 많이 받는 반면에, 이방에서 객이 되어 다니다가 돌아온 헬라파 과부는 구제를 적게 받았습니다.

사도들은 구제를 나누는 일과 섬기는 일로 인해 기도와 말씀 전하는 일을 소홀히 하게 되었습니다. 그래서 최초로 일곱 명의 집사를 선택하여 구제하는 일을 그들에게 맡기고, 사도들은 기도하는 것과 말씀을 전하는 일에만 전념하게 됩니다.

또 한 가지 큰 문제가 있었습니다. 앞서 말한 것들이 교회 내적 문제라면, 교회 외적인 문제로 교회를 향한 큰 박해가 있었습니다. 예루살렘 교회의 성도들은 예수를 믿는다는 이유만으로 공회에 끌려가 매맞기도 하고, 감옥에 갇히거나 사람들이 던지는 돌팔매로 인해 처참하게 죽기도 했습니다.

모진 박해로 교회는 더 이상 존재하기 어려웠고, 성도들은 모두 흩어지게 되었습니다. 그토록 모이기를 힘쓰고 기도하기를 힘썼던 그들이 이제는 더 이상 모일 수가 없다는 것이 그들에게 큰 아픔으로 다가왔습니다.

역사적으로 보면, 그때 흩어진 사람들이 19세기 말 20세기 초에 시온주의 운동이 일어나기까지 약 1900년 동안이나 전 세계에 흩어지는 비극의 역사를 겪어야 했습니다. 1800년대 말부터 1900년대 초에 전 세계에 흩어져 사는 유대인들이 다시 이스라엘로 돌아가자는 운동을 시작했습니다. 그것이 시온주의 운동(Zionist movement)입니다.

사도행전 시대의 결정적인 사건은 A.D. 70년, 로마의 티투스(Titus) 장군이 예루살렘 성을 완전히 함락하고 이스라엘을 몰락시켜 유대인들을 전 세계로 흩어지게 한 것입니다. 그렇게 흩어졌던 사람들이 1900년 만에 모여 1948년 5월 14일에 이스라엘을 세운 것입니다.

합력하여 선을 이루시는 하나님께서는 그 흩어진 자들이 가는 곳마다 복음을 전하게 하심으로써 전 세계에 복음이 확산되는 선한 열매를 거두셨지만, 그 출발은 초대교회 비극의 역사에서 시작되었던 것입니다.

"그리하여 온 유대와 갈릴리와 사마리아 교회가 평안하여 든든히 서 가고 주를 경외함과 성령의 위로로 진행하여 수가 더 많아지니라"(사도행전 9:31)

사마리아에 복음을 전하다

사도행전 8장 5절 이하에는 복음이 예루살렘, 유대를 넘어서 사마리아로까지 전해지는 장면이 나옵니다. 빌립이 사마리아에 복음을 전하는 이야기입니다.

예루살렘, 유대, 갈릴리, 그리고 사마리아는 팔레스타

인을 말하고, 땅끝은 완전히 외방 지역입니다. 사마리아는 유대와 갈릴리를 연결하는 지역으로, 이 지역에 처음 복음을 전하고 사역을 시작했던 사람이 바로 성령 하나님의 이끌림을 받았던 빌립입니다.

성령 하나님의 역사로 믿음의 사람을 통하여 하나님의 크신 구원 역사를 이루어 가시는 것입니다. 아브라함, 이삭, 야곱, 요셉 없는 하나님의 역사는 생각할 수 없습니다. 모세가 없는 출애굽기, 레위기, 민수기, 신명기는 없습니다. 구약의 수많은 예언자들과 선지자들이 구약 성경을 형성하고 그들이 하나님 앞에 쓰임을 받아 큰 역사를 이루었습니다.

열두 제자 없는 예수님의 사역은 상상할 수 없습니다. 마태, 마가, 누가, 요한이 없는 사복음서는 있을 수 없으며, 바울이 없는 신약 성경은 생각하기 어렵습니다. 이렇듯 이방 땅으로 나가는 통로의 역할을 했던 사마리아 복음화의 역사는 빌립 없이는 결코 생각할 수 없습니다.

이스라엘은 사울-다윗-솔로몬 왕까지 120년간 하나의 통일 왕국이었습니다. 그런데 솔로몬이 죽은 후 B.C. 931년에 남쪽의 유다, 북쪽의 이스라엘로 나누어집니다. 남쪽 유다는 유다 지파와 베냐민 지파를 중심으로 솔로몬의 아들인 르호보암이 세웠습니다.

북쪽 이스라엘은 솔로몬의 신하였다가 배반하여 이집트로 도망갔다 돌아온 여로보암이 유다와 베냐민 지파를 제외한 열 지파를 중심으로 세웠습니다. 북방 이스라엘을 세운 여로보암이 수도를 사마리아로 정했고, 남방 유다를 세운 르호보암은 예루살렘을 수도로 정했습니다.

북방 이스라엘은 하나님의 은혜를 배신하고 바알 우상 숭배를 하며 각종 악을 행하다가 B.C. 722년 앗수르의 침공을 받아서 멸망하였습니다. 그것으로 끝난 것이 아니라, 앗수르 이방 사람들이 이곳 사마리아에 들어와서 열 지파의 사람들과 피를 섞었습니다. 그래서 남방 유다 사람들이 이방의 민족과 피를 섞은 북쪽 사마리아 사람들을 개처럼 취급하게 된 것입니다.

  북쪽 여로보암 왕이 성전을 만들었을 때 그곳은 하나님을 숭배하는 성전이 아니었습니다. 금 송아지를 만들어서 우상과 잡신들을 섬겼습니다. 그 결과 윤리, 도덕적으로 부패한 모습이 만연한 곳이 되었습니다. 이처럼 사마리아는 유대인들이 통행하지 않는 땅으로 하나님을 믿지 않는 곳이었습니다. 그런 사마리아에 빌립이 들어가서 복음을 전한 것입니다.

"형제들아 너희 가운데서 성령과 지혜가 충만하여 칭찬 받는 사람 일곱을 택하라 우리가 이 일을 그들에게 맡기고 우리는 오로지 기도하는 일과 말씀 사역에 힘쓰리라 하니 온 무리가 이 말을 기뻐하여 믿음과 성령이 충만한 사람 스데반과 또 빌립과 브로고로와 니가노르와 디몬과 바메나와 유대교에 입교했던 안디옥 사람 니골라를 택하여 사도들 앞에 세우니 사도들이 기도하고

그들에게 안수하니라"(사도행전 6:3-6)

칭찬 듣는 사람

사도행전 6장을 보면, 빌립을 비롯한 일곱 집사를 뽑을 때, 성령과 지혜가 충만하며, 칭찬 듣는 사람을 택했다고 합니다.

성경에서 말하는 칭찬 듣는 사람은 공부를 잘하거나 운동을 잘하는 어떤 걸출한 능력이 있어서 칭찬받는 것이 아닙니다. 온전히 성령과 지혜가 충만한, 그 사람의 인품과 삶이 칭찬의 근거가 됩니다. 이처럼 빌립을 비롯한 일곱 명의 봉사자들은 세상이 칭찬하는 차원과는 전혀 다른 믿음과 성령이 충만하고 지혜가 충만했던 사람들입니다.

충만하다는 것은 나의 내면에 있는 것이 밖으로 드러나는 것입니다. 물이 가득 담긴 컵을 건드리면 물이 넘칩니다. 내 안에 사랑과 이해와 용서와 충성이 가득하면 사람들이 나를 흔들 때 내 안에 있는 것이 분출됩니다. 누군가 나를 화나게 하는 행동을 한다고 해도 내 안에 사랑이 가득하면 전혀 다른 반응으로 대할 수 있게 됩니다.

빌립은 무엇보다 복음이 충만한 사람이었습니다. 스데반의 순교 이후 교회는 매우 싸늘해졌습니다. 박해와 핍박 가운데 교회가 견디기 어려운 그때 빌립은 예루살렘을 떠나 사마리아로 갔습니다. 보통 박해를 당하고 어려움에 처하면 교회를 그만 둔다거나 믿음 생활을 쉰다고 할 수 있을 텐데, 빌립은 그런 환경에 지배를 받는 사람이 아니었습니다.

사람이 죄와 죽음과 사탄의 권세로부터 구원받아 하나님의 백성으로 이 땅에서 하나님과 동행하면서 행복한 인생을 살다가 천국으로 간다고 생각하면, 이런 영광스러운 복음의 능력에 감격하지 않을 수 없고, 생명을 무릅쓰고 십자가와 부활의 복음을 전하지 않을 수 없을 것입니다.

그래서 빌립은 오직 복음을 전하여 수많은 영혼을 구원하는 일에만 집중했습니다. 가는 곳마다 오직 복음 전파에만 주력했습니다.

지금 우리나라의 상황도 어렵지만, 당시 사마리아에 복음을 전하고 성경적인 가치관과 진리를 전했던 빌립은 훨씬 더 어려운 상황이었습니다. 그는 생명을 내어놓아야 하는 상황에서도 그곳에 가서 복음을 전했습니다.

큰 기쁨이 있더라

"그 흩어진 사람들이 두루 다니며 복음의 말씀을 전할새 빌립이 사마리아 성에 내려가 그리스도를 백성에게 전파하니 무리가 빌립의 말도 듣고 행하는 표적도 보고 한마음으로 그가 하는 말을 따르더라 많은 사람에게 붙었던 더러운 귀신들이 크게 소리를 지르며 나가고 또 많은 중풍병자와 못 걷는 사람이 나으니 그 성에 큰 기

쁨이 있더라"(사도행전 8:4-8)

빌립이 전한 복음의 역사로, 그 옛날 사마리아 성이 무너진 이후 가장 큰 기쁨이 그곳에 있었습니다. 그런데 이런 놀라운 역사가 일어나는 가운데 주의 사자가 빌립에게 전혀 다른 길로 가도록 말합니다. 그러자 빌립은 그대로 순종합니다.

"주의 사자가 빌립에게 말하여 이르되 일어나서 남쪽으로 향하여 예루살렘에서 가사로 내려가는 길까지 가라 하니 그 길은 광야라 일어나 가서 보니 에디오피아 사람 곧 에디오피아 여왕 간다게의 모든 국고를 맡은 관리인 내시가 예배하러 예루살렘에 왔다가 돌아가는데 수레를 타고 선지자 이사야의 글을 읽더라"(사도행전 8:26-28)

주의 사자가 말한 대로 가서 보니, 에디오피아 간다게 여왕의 국고를 맡은 내시가 마차 안에서 성경을 읽고 있었습니다. 내시는 거세한 사람입니다. 레위기에 보면 거세한 사람은 이스라엘 총회에 들어올 수 없습니다. 그런데 내시가 예배를 드리러 왔다가 내려가는 길에 마차 안에서 간절함으로 이사야 성경을 읽고 있었습니다.

빌립이 그에게 읽는 것이 무엇인지 물어봅니다. 내시는 읽고는 있지만 무슨 내용인지 잘 모르겠다고 대답합니다. 빌립은 그 성경에 있는 분이 바로 구원자 예수라고 전하자, 내시는 빌립을 통해 복음을 듣고 예수님을 구주로 영접하게 됩니다. 그리고 빌립은 물이 있는 곳에서 그에게 침례(세례)를 베풀게 됩니다.

그리스도인은 주의 사자가 지시하는 것에 순종해야 합니다. 복음은 이 세상에서 경험할 수 있는 최고의 기쁜 소식입니다. 영광스러운 복음의 광채가 영혼 깊은 곳에 새겨지면 감격하지 않을 수 없습니다.

사마리아의 거룩한 역사는 믿음과 성령과 지혜가 충만했던 빌립을 통해 이루어졌습니다. 성령이 이끄시는 곳으로 가서 복음을 전하면 놀라운 역사가 일어나게 됩니다. 복음 전하는 자만이 성령 하나님의 역사를 경험하게 됩니다. 죄인이 복음을 듣고 예수님을 구주로 믿고 성령 하나님과 새로운 거룩한 삶을 사는 것보다 더 귀한 것은 없습니다.

우리도 빌립과 같이 성령의 능력으로 충만한 하나님의 사람이 되어야 합니다. 복음 전하는데 열정적인 사람, 주께서 지시하시면 내 이성과 논리에 맞지 않아도 그대로 순종하여 복음으로 수많은 영혼을 살리고 그들에게 큰 기쁨을 선사하는 우리가 되길 간절히 소망합니다.

PART 09
성경이 이야기하는 바나바

09

성경이 이야기하는 바나바

사도행전 4:36-37

"구브로에서 난 레위족 사람이 있으니 이름은 요셉이라 사도들이 일컬어 바나바라(번역하면 위로의 아들이라)하니 그가 밭이 있으매 팔아 그 값을 가지고 사도들의 발 앞에 두니라"(사도행전 4:36-37)

초대 교회가 아름다운 교회로 거룩성과 존엄한 모습을

가질 수 있었던 것은 초대 교회 내에 이름도 없이 빛도 없이 헌신한 하나님의 신실한 사람들이 있었기 때문입니다. 초대 교회는 사랑이 풍성한 교회였습니다. 믿음의 역사로 사랑의 수고와 나눔을 아끼지 않는 수고의 손길들이 있었습니다. 모든 성도들은 하나님의 자녀라는 한 가족 개념이 있었기에 물건을 서로 통용하며 이상적인 경제 공동체로 살았습니다. 그 누구도 제 물건을 제 것이라고 주장하는 사람이 하나도 없었기에 가난한 사람이 없었습니다. 핍절한 사람이 없었던 비결을 성경은 이렇게 말합니다.

"그 중에 가난한 사람이 없으니 이는 밭과 집 있는 자는 팔아 그 판 것의 값을 가져다가 사도들의 발 앞에 두매 그들이 각 사람의 필요를 따라 나누어 줌이라"(사도행전 4:34-35)

초대 교회는 십자가 사랑의 압도적인 은혜를 받았기에 그 사랑의 빚을 이웃 사랑으로 표현하지 않을 수 없는 사랑의 공동체였습니다. 복음의 영광이 너무 커서 인간의 이기심을 모두 내려놓게 하였습니다. 복음은 인간의 이기적인 욕망에서 자유하게 합니다. 초대 교회 성도들은 그들 자신만의 이익을 극대화하기 위하여 활동하는 사람들이 아니라, 공동체 전체의 유익을 위해서 노력하는 친가족과 같은 관계를 유지하며 살았습니다.

그들은 공동체 내에서 모두 함께 기뻐하고 슬픔도 나누었습니다. 힘들고 어려운 사람이 있으면 누가 먼저랄 것도 없이 가서 위로하고 격려하며 용기를 북돋아주고 힘이 되어 주었습니다. 초대 교회가 역사 속에 그 어떤 교회보다 아름답고 건강한 교회로 자리매김할 수 있었던 것은 아름다운 사랑의 조화 덕분이었습니다. 순수한 믿음과 말씀대로 사는 삶과 인격을 구현해 가는 능동적인 배움을 통한 조화가 이런 교회를 만들어 간 것입니다.

초대 교회는 말씀 중심의 예배 공동체였으며 기도에 힘쓰는 기도 공동체였습니다. 모이면 예배하고 기도하고 교제하는 끈끈한 사랑의 나눔이 있었습니다. 그리고 흩어지면 전도했습니다. 도움이 필요한 이웃들을 찾아다니며 그들이 가진 밭과 집을 팔아서 그들에게 교회를 통하여 나누어 주었습니다.

날마다 믿는 자의 수가 더해 갔습니다. 초대 예루살렘 교회가 아름다운 사랑의 공동체로서의 건강성을 나타낼 수 있었던 결정적인 요소는 성령 충만한 사도 베드로와 바울 같은 훌륭한 영적 지도력이 있었고 그들의 것을 자기의 것이라고 주장하지 않는 나눔과 섬김이 몸에 배어 있는 사람들이 많았기 때문입니다.

다른 사람, 바나바

"구브로에서 난 레위족 사람이 있으니 이름은 요셉이라, 사도들이 일컬어 바나바(번역하면 권위자)라 하니"(사도행전 4:36)

구브로는 튀르키예(터키) 남쪽 지중해에 있는 제주도의 5배 정도 되는 큰 섬으로, 튀르키예계 주민(북쪽)과 그리스계 주민(남쪽)들이 많이 사는 곳입니다.

당시 레위 지파는 제사드리는 일을 주 업무로 삼았기에 모든 제기들을 갖추고 제구들을 운반하는 일을 했습니다.

바나바는 레위족 출신입니다. 그는 섬김과 봉사가 있는 신앙의 가문에서 자라났습니다. 그의 이름은 요셉이며 사도들은 그를 바나바라고 불렀습니다. 요셉이란 말은 히브리어로 '더한다'는 뜻이고, 바나바라는 말은 번역하면 '권면자'입니다. 즉 바나바는 권면하고 위로하는 사람, 용기를 북돋우어주는 사람, 힘을 보태주는 사람이라는 뜻입니다. 이 세상에는 자신의 이름값을 잘하는 사람도 있지만 그렇지 못한 사람도 많습니다. 하지만 바나바는 부모가 지어준 이름에 걸맞은 삶을 살았습니다.

"그가 밭이 있으매 팔아 그 값을 가지고 사도들의 발 앞에 두니라"(사도행전 4:37)

바나바는 밭을 팔아서 필요한 사람에게 그냥 나누어주지 않았습니다. 바나바는 사도들 앞에 두어서 개인적인 구제 사역이 아닌 교회 이름으로 구제하게 했습니다. 이를 통해 생각해 볼 수 있는 것은 우리가 힘들고 어려울 때 어떤 개인으로부터 도움을 받으면 개인에게 빚졌다고 생각합니다.

그러나 교회를 통하여 도움을 받으면 교회에 빚을 졌다고 생각하고 주님께 은혜를 입었다고 생각합니다. 구제는 교회의 이름으로, 공동체의 이름으로 드려서 주님의 이름으로 하게 하면 그들이 하나님께 은혜를 입었다고 생각하게 됩니다. 밭을 팔아 사도들의 발 앞에 둔 것이 초대교회가 가지고 있던 아름다운 신앙의 모습 중 하나입니다.

그 후에 바나바 이야기가 한참 나오지 않습니다. 사도행전 5장에 아나니아와 삽비라가 밭 판 값을 일부 숨겨두고 바쳤다가 죽었습니다. 이 사건이 있은 후에 사람들은 열심히 복음을 전하였고, 그로 인해 교회가 흥왕하고 수가 많아졌습니다.

사도행전 7장에서는 최초의 일곱 봉사자 중 하나였던 스데반 집사가 유대인들을 향해 설교하다가 돌에 맞아 순교합니다. 8장에서는 봉사자였던 빌립 집사가 사마리아에 가서 에티오피아 내시를 만나 복음을 전합니다. 9장에는 복음이 점점 확산되면서 교회를 박해하는 사울의 이야기가 나옵니다. 사울은 예수 믿는 사람을 잡아 옥에 가두기 위하여 다메섹에 가다가 정오의 빛보다 더 밝은 빛이 그를 비추어 눈이 어두워지게 됩니다.

사울이 극적으로 예수님을 만난 후 예루살렘에 돌아와 예수 믿는 사람들과 함께 교제하기를 원했지만, 예루살렘 사람들은 그를 받아주지 않습니다. 예루살렘 사람들은 사울이 변화된 것을 전혀 믿지 않았습니다. 혹시 예수 믿는 척하고 들어와서 한꺼번에 잡아갈까 두려운 마음에 바울을 만나길 꺼려했습니다. 그때 바나바가 바울이 복음을 전하는 사람으로 변화된 내용을 이야기하게 됩니다.

"사울이 예루살렘에 가서 제자들을 사귀고자 하나 다 두려워하여 그가 제자 됨을 믿지 아니하니 바나바가 데리고 사도들에게 가서 그가 길에서 어떻게 주를 보았는지와 주께서 그에게 말씀하신 일과 다메섹에서 그가 어떻게 예수의 이름으로 담대히 말하였는지를 전하니라"(사도행전 9:26-27)

바나바는 바울이 예수 믿는 사람을 잡아서 옥에 가두었던 옛 모습에 대해서는 언급하지 않고 그가 어떻게 주님을 본 것과 주께서 그에게 말씀하신 것을 긍정적으로 이야기했습니다. 보통 사람들은 장점도 보지만 사람들의 약점을 많이 봅니다. 그러나 바나바는 옛 사울의 모습을 전혀 보지 않았습니다.

"또 주 예수의 이름으로 담대히 말하고 헬라파 유대인들과 함께 말하며 변론하니 그 사람들이 죽이려고 힘쓰거늘 형제들이 알고 가이사랴로 데리고 내려가서 다소로 보내니라 그리하여 온 유대와 갈릴리와 사마리아 교회가 평안하여 든든히 서 가고 주를 경외함과 성령의

위로로 진행하여 수가 더 많아지니라"(사도행전 9:29-31)

성령과 믿음이 충만한 바나바

"바나바는 착한 사람이요 성령과 믿음이 충만한 사람이라 이에 큰 무리가 주께 더하여지더라"(사도행전 11:24)

사도행전 11장 24절은 바나바에 대해서 성령과 믿음이 충만한 착한 사람이라고 말하며, 바나바 까닭에 교회가 성장하고 복음이 확산되었다고 이야기합니다. 오늘날 우리 예수 믿는 사람들도 예수님의 성품과 아름다움으로 충만하게 되어 그 이름에 걸맞은 그리스도인이 되어야 합니다. 바나바가 사울을 찾기 위해 다소로 갔습니다.

"만나매 안디옥에 데리고 와서 둘이 교회에 일 년간 모여 있어 큰 무리를 가르쳤고 제자들이 안디옥에서 비로소 그리스도인이라 일컬음을 받게 되었더라"(사도행전 11:26)

성경에 그리스도인이라는 단어가 세 번 나옵니다. 첫 번째는 사도행전 11장에 안디옥에서 바나바와 사울을 포함한 제자들이 그리스도인이라 일컬음을 받게 되었다고 나옵니다. 또 사도행전 26장에서는 아그립바가 바울에게 하는 말 가운데 나타나고, 베드로전서 4장에서는 그리스도인으로서 고난받는 것을 부끄러워하지 말라고 합니다.

"그 때에 선지자들이 예루살렘에서 안디옥에 이르니 그 중에 아가보라 하는 한 사람이 일어나 성령으로 말하되 천하에 큰 흉년 들리라 하더니 글라우디오 때에 그렇게 되니라"(사도행전 11:27-28)

국내 선교부는 핍박을 받아 흩어진 피난민들이 세운 교회로 이방인들이 많았습니다. 그곳에 흉년이 들었습니다. 그런데 흉년을 맞이한 피난민 교회가 모교회를 생각하고 부조금을 모았습니다. 그 부조금을 유대에 사는 형제들에게 나누어 줄 때에는 바나바와 바울의 손으로 예루살렘 교회 장로들에게 보내어 또 교회 이름으로 그것을 주도록 했습니다. 바나바와 바울이 부조의 일을 마치고 돌아갈 때에 마가라 하는 요한을 데리고 안디옥으로 돌아갔습니다. 국내 선교부의 중심은 바나바였습니다.

바나바와 바울

"국내 선교부에 선지자들과 교사들이 있으니 곧 바나바와 니게르라 하는 시므온과 구레네 사람 루기오와 분봉왕 헤롯의 젖동생 마나엔과 및 사울이라 주를 섬겨 금식할 때에 성령이 이르시되 내가 불러 시키는 일을 위하여 바나바와 사울을 따로 세우라 하시니 이에 금식하며 기도하고 두 사람에게 안수하여 보내니라 두 사람이 성령의 보내심을 받아 실루기아에 내려가 거기서 배 타고 구브로에 가서 살라미에 이르러 하나님의 말씀을 유대인의 여러 회당에서 전할새 요한을 수행원으로 두었더라"(사도행전 13:1-5)

국내 선교부는 바나바와 바울을 따로 세워서 선교사로 보냅니다. 이것을 바울의 제1차 선교 여행이라고 말하는데, 사실 중심은 바나바였습니다. 그때 두 사람이 성령의 보내심을 받아 실루기아에 내려가 배를 타고 구브로로 갑니다. 그리고 마가도 함께 갔습니다. 구브로에 가서 복음을 전하고 바보에서 떠나서 밤빌리아 버가로 갑니다. 그런데 그 우상의 도시에 들어가자 마가는 도망갔습니다.

마가는 돈이 많았습니다. 그래서 120명 들어가는 다락방을 가지고 있었고, 거기서 유월절 만찬도 준비했습니다. 120명이 모여서 전혀 기도에 힘쓰도록 모든 것을 제공하기도 했습니다. 그런데 부잣집에서 산 아들이라 그런지 고난을 견디지 못했습니다. 역경만 있으면 도망을 가는 사람이었습니다. 그는 위협이 생기면 그저 홑이불을 덮고 있다가 알몸으로라도 도망갔습니다. 그 마가가 탐탁지 않았던 바울은 마가와 갈라서게 되었습니다.

온 섬 가운데를 지나 바보에 이르기까지 바나바와 바울의 유대인 사역이 계속되고 있습니다. 그리고 제1차 전도 여행이 거의 끝날 때쯤 되어서 성경 기록상 이름의 순서가 달라집니다. '바나바와 바울'이 '바울과 바나바'로 바뀝니다.

전도 여행이 끝난 뒤에 바울과 바나바가 예루살렘 교회에 가서 '이방 사람들에게 복음을 전했더니 이방 사람들도 예수를 믿었다'라고 보고했습니다. 그런데 이방인도 예수를 믿을 수 있는가에 대한 놀라움으로 예루살렘에서 공의회가 열렸습니다.

이것이 교회 역사 최초의 공의회입니다. '첫 번째, 이방인들이 예수 믿는 것을 인정한다. 다만 우상의 제물을 먹지 말아라. 두 번째, 피를 먹지 말아라. 생명이 피에 있기 때문이다. 세 번째, 목매어 죽인 것을 먹지 말아라. 네 번째, 음행하지 말아라.' 이런 것들이 당시 이방인들에게 만연되어 있었기 때문에 하지 않도록 했습니다.

> "사람을 택하여 우리 주 예수 그리스도의 이름을 위하여 생명을 아끼지 아니하는 자인 우리가 사랑하는 바나바와 바울과 함께 너희에게 보내기를 만장일치로 결정하였노라"(사도행전 15:25-26)

사도행전 15장 25절은 바나바는 복음을 위해 그리스도의 이름을 위해 생명을 아끼지 않은 복음 전도자라고 말합니다. 바나바와 바울은 예수의 이름을 위하여 생명을 아끼지 않았습니다.

"며칠 후에 바울이 바나바더러 말하되 우리가 주의 말씀을 전한 각 성으로 다시 가서 형제들이 어떠한가 방문하자 하고 바나바는 마가라 하는 요한도 데리고 가고자 하나 바울은 밤빌리아에서 자기들을 떠나 함께 일하러 가지 아니한 자를 데리고 가는 것이 옳지 않다 하여 서로 심히 다투어 피차 갈라서니 바나바는 마가를 데리고 배 타고 구브로로 가고"(사도행전 15:36-39)

예루살렘 공의회가 끝난 뒤 바울이 바나바에게 제1차 전도 여행 갔던 곳에 다시 가자고 말합니다. 이때 바나바는 1차 전도 여행 때 중간에 도망갔던 자신의 생질인 마가를 데리고 가자고 했습니다. 그런데 바울은 어려운 일이 있으면 도망가는 사람을 데려갈 수는 없다고 하며, 둘이 심하게 다투었습니다. 결국 바울은 실라와 함께 제2차, 3차 전도 여행을 갑니다. 그리고 로마의 감옥에서 순교를 당하게 됩니다.

영적 통찰력이 탁월한 사람, 바나바

바울은 에베소에서 3년간 사역했습니다. 그리고 에베소를 떠날 때(제2차 전도 여행) 루스드라의 이고니온에서 박해의 선물로 하나님께서 주신 디모데를 그 후임자로 두고 갔습니다. 그래서 바울은 죽기 전에 목회하는 디모데에게 유서와 같은 두 통의 편지를 썼습니다.

"너는 어서 속히 내게로 오라 데마는 이 세상을 사랑하여 나를 버리고 데살로니가로 갔고 그레스게는 갈라디아로, 디도는 달마디아로 갔고 누가만 나와 함께 있느니라 네가 올 때에 마가를 데리고 오라 그가 나의 일에 유익하니라"(디모데후서 4:9-11)

제2차 전도 여행을 가기 전 바나바는 마가를 데리고 구브로로 내려갔습니다. 그다음엔 바나바에 대한 기록이 없습니다. 바나바가 마가를 데리고 구브로로 간 뒤 마가에 대한 기록이 사라졌다가 바울의 편지 맨 마지막에 죽음을 눈앞에 두고 그가 나에게 유익한 자라고 소개합니다.

자신에게 원수 같은 그 마가가 이제는 마지막 죽음을 앞둔 상황에 유익한 사람으로 바뀌었다는 것은 바나바가 그의 생질 마가를 데리고 가서 복음에 합당한 사역자로 훈련시켜 마가를 그 이름에 걸맞은 마가가 되게 했기 때문입니다. 처음 사울이 바울이 된 것을 사람들이 알아보지 못했을 때, 옛 사울 안에 바울이 있음을 보았던 사람도 바나바였습니다.

바나바는 사람을 잘 볼 줄 아는 영적 통찰력이 탁월한 위대한 하나님의 사람입니다. 부자로 성장하여 돈은 많았지만 어려움만 있으면 도망 다니던 그 마가를 복음의 역군인 마가가 되게 만든 사람도 바나바였습니다. 바나바는 마가와 바울의 무한한 가능성을 보았습니다. 그리고 바울 안에 있는 역사하시는 주님을 보았습니다. 오늘날 우리 교회에도 이런 사람이 필요합니다.

우리도 바나바처럼 우리 주변의 수많은 사람들의 약점과 단점보다 그들의 장점과 그들의 안에 역사하시는 주님의 계획을 바라보고 사람을 세워줄 줄 알고 사람을 길러낼 수 있는 사람들이 되길 간절히 소망합니다.